Vorwort

Wer «Jura» hört, denkt oft zuerst an die Westschweiz: an Freiberge
Doch der Gebirgszug des Jura verläuft nur zu einem kleinen Teil dur
Die Jurakette beginnt in Frankreich und zieht sich über die Kantone
Solothurn, Basellland und Aargau, um dann vor den Toren Zürichs au

Gross ist die landschaftliche Vielfalt, die wir auf den hier versammelten 45 Wanderungen zu sehen bekommen: Sie reicht vom idyllischen Rebgebiet am Bielersee und dem dramatischen Felsenrund des Creux du Van über die sanften Hügel der Franches Montagne und die liebliche Landschaft im «Chirsiland» um Liestal bis zum Höhenzug der Lägeren oberhalb von Baden.

«Zu Fuss den Jura entdecken» enthält für jeden Geschmack das Richtige: Leichte Touren um malerische Seen und an zauberhaften Flussläufen entlang, anspruchsvolle Gratwege, ausgedehnte Spaziergänge über die Wytweiden mit ihrer Mischung aus einzelnen Fichtenbeständen und Wiesen.

Auch historisch interessierte Wanderfreunde und -freundinnen kommen auf ihre Kosten: Kelten errichteten heilige Stätten im Jura, römische Händler hinterliessen ihre Spuren, Benediktinermönche gaben sich in der herrlichen Landschaft der Arbeit und dem Gebet hin. In der Deutschschweiz reiht sich am Fuss der Jurakette Burgruine an Burgruine.

Die Wege und Pfade entlang der Juraketten und über die aussichtreichen Berge sind in der Regel gut gepflegt und ausgeschildert. Die Association de tourisme pédestre des Kantons Jura erhielt 2009 für die Revision und Neusignalisierung des kantonalen Wanderwegnetzes gar den Prix Rando, den Qualitäts- und Innovationspreis des Dachverbands Schweizer Wanderwege. Wenn Sie nicht vergessen, sich – telefonisch oder im Internet – nach den Bus- und Zugverbindungen sowie nach den Öffnungszeiten von Museen und Schlössern zu erkundigen, ist ein angenehmer Wandertag also garantiert.

Wir wünschen Ihnen viel Spass bei Ihren Wanderungen und Ausflügen in den vielfältigen Landschaften des Jura.

Routenübersicht

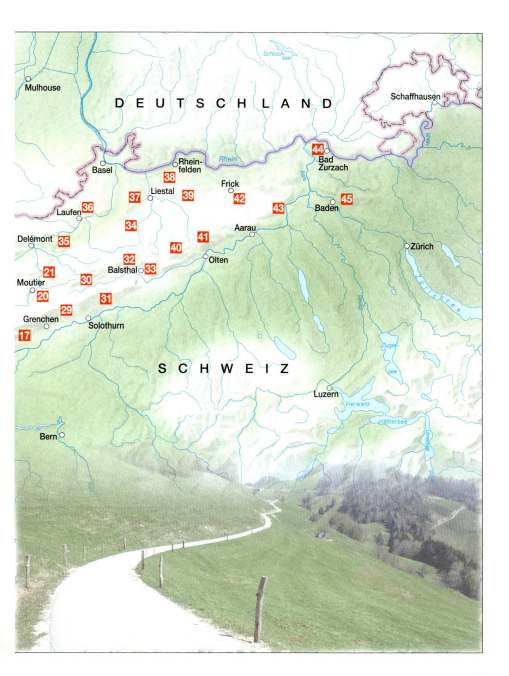

Inhaltsverzeichnis – 45 Wanderungen durch die Jurahöhen

		Stunden	Seite

Waadt / Neuenburg

		Stunden	Seite
1	**Bisons, Bären und eine Qualle in der Märchenhöhle** Le Pont – Vallorbe	3	6
2	**Vom traumhaften Wasserfall zum stolzen Kloster** La Sarraz – Croy	3	8
3	**Oberhalb der Orbeschlucht zurück ins Mittelalter** Orbe – Romainmôtier	4¼	10
4	**Von Aussicht zu Aussicht über dem Neuenburgersee** Ste-Croix – Vallorbe	5¾	12
5	**Sonnige Weiden, steile Abgründe – auf dem Gipfel des Chasseron** La Combaz – Ste-Croix	4½	14
6	**Auf Rousseaus Spuren zu den Herren von Grandson** Fleurier – Grandson	6	16
7	**Unterwegs in der Heimat der Grünen Fee** Fleurier – Couvet	5¼	18
8	**Im mystischen Morgenlicht oberhalb des Felstheaters** Rundwanderung am Creux du Van	2¾	20
9	**Rundherum zeigt alles seine schönste Seite** Vue des Alpes – La Tourne	3½	22
10	**Durch 4,5 Milliarden Jahre zum malenden Dichter** Chaumont – Neuchâtel	1½	24
11	**Entlang des Grenzsees zum höchsten Wasserfall Frankreichs** Rundwanderung Les Brenets	5¾	26

Berner Jura / Jura

		Stunden	Seite
12	**Im Reich der Sonne und des Windes** St-Imier – Mont Soleil – Mont Crosin – Courtelary	2¾	28
13	**Über den Bischofssitz zum Sendeturm auf dem Chasseral** St-Imier – Chasseral	3¾	30
14	**Auf dem Winzerpfad über dem Bielersee** Ligerz – La Neuveville – Ligerz	2¼	32
15	**Vom sonnigen Twannberg in Dürrenmatts Mordschlucht** Magglingen – Twann	2¾	34
16	**Orchideen über dem Nebelmeer und vielleicht ein Auerhahn** Chasseral – Orvin	3¾	36
17	**Zum Drama in der tiefen Schlucht** Lengnau – Tubeloch	4½	38
18	**Wo man feine Mönchsköpfe macht** Tavannes – Bellelay	4¾	40
19	**Durch alte Juradörfer in die schattige Schlucht** Reconvilier – Moutier	3¾	42
20	**In wunderbaren Höhen von Kanton zu Kanton** Court – Gänsbrunnen	4¾	44
21	**Vom höchsten Punkt des Kantons Jura ins Tal des Eichelhähers** Rundwanderung Moutier – Grandval – Moutier	5¼	46
22	**Von der Stadt der starken Pferde ins lauschige Tal des Doubs** Rundwanderung Saignelégier	4	48
23	**Über weite Weiden bis fast nach Finnland** Saignelégier – Étang de la Gruère – Tramelan	3¼	50
24	**Durch Felder und Wald zur Höhle mit Napoleons Mantel** Rundwanderung Grandfontaine	4	52

25	**Zu Besuch bei den Meistern der Glasmalkunst** Porrentruy – Alle – Vendlincourt – Bonfol	3¼	54
26	**Von Wirtstöchtern, Seelenlöchern und einem stillen Dorf** Courgenay – St-Ursanne	4	56
27	**Ein Paradies für Forellen und Glögglifrösche** St-Brais – St-Ursanne	3¾	58
28	**Vom Mittelalter ins Mittelalter** St.-Ursanne – Delémont	6	60

Solothurn / Basel Landschaft

29	**Dem Tale fern, den Planeten nah** Weissenstein – Untergrenchenberg	4	62
30	**Durch die tiefe Schlucht in lichte Höhen** Welschenrohr – Mieschegg – Welschenrohr	4¼	64
31	**Über die erste Jurakette zur spektakulärsten Aussicht auf den Oberaargau** Balsthal – Oberbalmberg	5¾	66
32	**Auf alten Pfaden hinauf zum Passwang** Balsthal – Passwang	3¾	68
33	**Auf der ViaRomana durchs Augstbachtal** Balsthal – Römerstrasse – Langenbruck	2¼	70
34	**Durch Wald und Weiden hoch zum Rundumblick** Lupsingen – Passwang	5½	72
35	**Eine Zeitreise über 200 Millionen Jahre** Wiler (Bärschwil) – Rechtenberg – Bärschwil	4	74
36	**Ruinen, Türme und unbezwingbare Schlösser** Aesch – Blauen – Laufen (ViaJura)	4½	76
37	**Von Anthroposophen, Burgherren und Nothelfern** Dornach – Liestal	4¾	78
38	**Durch das wunderschöne Land der Kirschen** Liestal – Rheinfelden	4	80
39	**Von Aussicht zu Aussicht oberhalb des Ergolztals** Sissach – Farnsburg	3¾	82
40	**Ein weiter Blick über das Reich des Sonnengottes** Langenbruck – Belchenflue – Hauenstein	3	84
41	**«Dort unten, mein Volk, mein Tal»** Trimbach – Schloss Wartenfels – Trimbach	5½	86

Aargau / Zürich

42	**Sanfte Hügel und ein Berg im sonnigen oberen Fricktal** Frick – Schinberg – Sennhütten – Effingen	5	88
43	**Im welligen Land der Habsburger** Brugg – Staffelegg	4½	90
44	**Auf mittelalterlichen Handelswegen zum einst bedeutenden Messeort** Klingnau – Bad Zurzach	2	92
45	**Hoch vor den Toren Zürichs** Baden – Lägeren – Dielsdorf	4	94

1

Bisons, Bären und eine Qualle in der Märchenhöhle
Le Pont – Vallorbe 11,5 km, 3 Std.

Der Lac de Joux und sein kleinerer Bruder, der erst im 13. Jahrhundert aufgestaute Lac Brenet, liegen im abgeschlossenen Hochtal des **sonnigen Vallée de Joux**. Weil sich der markante Dent de Vaulion so in die Talmulde schiebt, dass für oberirdische Gewässer unüberwindliche Hürden entstanden sind, musste sich die **Orbe** – sie speist die beiden Seen – einen anderen Ausweg suchen. Auf unserer Wanderung von Le Pont werden wir dem Fluss auf dramatisch schöne Weise wiederbegegnen. Das zur Gemeinde L'Abbaye gehörende **Le Pont** liegt hübsch zwischen **Lac de Joux** und **Lac Brenet**. Ende des 19. Jahrhunderts erlebte der Weiler mit dem Export von Eis einen kleinen wirtschaftlichen Aufschwung: Das Eis wurde während des Winters aus der gefrorenen Oberfläche des Lac de Joux gesägt, anschliessend gelagert und im Sommer in das Schweizer Mittelland und sogar bis nach Paris transportiert.

Vom **Bahnhof Le Pont** gehen wir südwärts und schlagen dann zwischen den beiden Seen einen Bogen um den Lac Brenet. An der Wegkreuzung La Corne hinter der Siedlung **Les Charbonnières** beginnt unser gemächlicher Aufstieg – zuerst am Waldrand oberhalb des Lac Brenet entlang, später dann durch den Wald zum **Juraparc Mont d'Orzeires**.

In den Achtzigerjahren hat das Pächterpaar hier auf der Lichtung amerikanische **Bisons** angesiedelt. Dann kamen – früher in dieser Gegend heimische – **Braunbären** hinzu sowie ein **Wolfsrudel**. Die Tiere lassen sich von einem Beobachtungssteg aus besichtigen, der in drei Metern Höhe durch den Park verläuft. Falls Sie das kulinarisch Ausgefallene mögen: Bison findet sich auch auf der Karte des zum Juraparc gehörigen Restaurants – als zartes Steak oder saftiger Hamburger.

Durch die **Gouille à l'Ours**, eine bewaldete Mulde, die ihren bärigen Namen schon vor Urzei-

Schwierigkeitsgrad
Mittelschwere Wanderung, im Wald oft rutschig.

Richtzeit
Wanderzeit 3 Std.

Anfahrt
Le Pont ist mit dem Zug über Yverdon-les-Bains zu erreichen. Anfahrt und Rückfahrt sind auch über Lausanne möglich, Fahrplan konsultieren!

Weitere Informationen
www.juraparc.ch
www.grotte.ch/val
www.vallorbe-tourisme.ch
www.valleedejoux.ch

Restaurants
Chalet du Mt.d'Orzeires beim Jurapark
Buvette beim Eingang zu den Grottes de l'Orbe

ten bekam, laufen wir abwärts zum Punkt 918: Hier gehen wir ein Stück die Strasse hinunter, dann zweigt der Weg abwärts in den Wald zu den mysteriösen **Grottes de Vallorbe** ab.

Die märchenhaften Höhlen, die sich die Orbe im Laufe der Jahrhunderte gegraben hat, wurden erst 1964 entdeckt und sind bis heute noch nicht vollständig erforscht. Das Wasser aus Lac Brenet und Lac de Joux versickert unterirdisch und kommt hier, 200 Meter tiefer, unter rauschendem Lärm in der Kühle des **«Schwarzen Saals»** wieder zum Vorschein, einer fantastischen **natürlichen Höhle**. Der zirka einstündige Spaziergang durch die fabelhafte Unterwelt der Grottes – sie wurden erst 1974 der Öffentlichkeit zugänglich gemacht – offenbart **surrealistische Tropfsteingebilde** – wie die quallenartige **«Medusa»**, bizarre Säulen und mächtige Stalaktitenvorhänge. Der Pfad führt über Galerien und Treppen von einem Höhepunkt zum nächsten und endet schliesslich beim **«Trésor des Fées»**, einer edel präsentierten Sammlung von Mineralien aus aller Welt.

Der erste von zwei schönen Seen: der Lac de Joux.

Nach der Höhlenbesichtigung verlassen wir den Wald beim Pumpwerk von Vallorbe und laufen durch die schönen Felder und Weiden am **Ufer der Orbe** entlang und dann über die Orbebrücke ins Zentrum von **Vallorbe**. Den Bahnhof finden wir etwas oberhalb des sehr sehenswerten Städtchens.

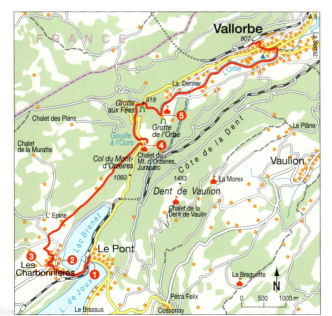

Standort Wanderwegweiser

Zum nächsten Zwischenziel
- ❶ Les Charbonnières
- ❷ L'Allemagne
- ❸ Mont d'Orzeires
- ❹ Grotte de l'Orbe
- ❺ Vallorbe

2

Vom traumhaften Wasserfall zum stolzen Kloster
La Sarraz – Croy 11 km, 3 Std.

Wo Adlige sich ein schönes Schloss bauen liessen, Benediktinermönche sich ein prächtiges Kloster errichteten und Dichter ihre Inspiration fanden, Leute, denen man durchaus ausgeprägten landschaftlichen Geschmack zuschreiben darf – in einer solchen Gegend muss es herrlich sein, zu laufen!

Wir beginnen unsere Wanderung im **historischen Städtchen La Sarraz** im Waadtländer Mittelland, seit dem 19. Jahrhundert ein regionales Zentrum für Handel, Handwerk und Kleinindustrie. Direkt neben dem Bahnhof steht das mächtige **Château de La Sarraz**. Das auf einen Vorgängerbau aus dem 11. Jahrhundert zurückgehende Schloss wurde im 13. Jahrhundert fast vollständig neu errichtet; vom mittelalterlichen Bau stehen heute allerdings nur noch die **zwei Türme** am Portal – der rechte diente ursprünglich als Bergfried. Die übrigen Gebäude des Schlosses entstanden erst nach der Reformation. Im Schloss Sarraz befindet sich ein sehr interessantes **Heimatmuseum,** das man an Wochenenden und Feiertagen nachmittags besichtigen kann, besonders beeindruckend ist die Inneneinrichtung aus der Herrschaftszeit der Familie La Sarra.

Vom Schloss aus wandern wir die Hauptstrasse mit den **schmucken Bürger- und Patrizierhäusern** aus dem 18. und 19. Jahrhundert entlang und überqueren bei **La Foule** das Flüsschen Venoge. Achtung: Hier streift der Wanderweg den Kleinkaliber- und Pistolenschiessstand, bei Schiessbetrieb ist der Wanderweg gesperrt. Wenn wir im Schiessstand vorsprechen, wird der Weg aber gerne freigegeben.

Hinter der Brücke biegen wir nach rechts, folgen zuerst dem Fluss und marschieren dann durch den Wald in Richtung Ferreyres. Bevor wir das Dorf erreichen, sollten wir den kleinen, aber lohnenden Abstecher zur **Tine de Conflens** machen.

In diesem märchenhaften, allerdings sehr feuchten Felsenkessel in der Nähe des Dorfes Ferreyres stürzt das Flüsschen **Veyron** in zwei Kaskaden in die **Venoge**. Der Westschweizer Dichter Jean Villard Gilles (1895–1982) war

Schwierigkeitsgrad
Leichte Wanderung, nie zu steil bergauf oder bergab.

Richtzeit
Wanderzeit 3 Std.

Anfahrt
La Sarraz liegt an der Bahnstrecke Vallorbe – Palézieux.

Weitere Informationen
www.lasarraz.ch
www.romainmotier.ch
www.lake-geneva-region.ch

Märchenhaft, aber manchmal rutschig: die Tine de Conflens.

vom Anblick der Idylle begeistert, er nannte die Tine de Conflens «unser kleines Colorado».
Wenn wir uns von der wundersamen Stimmung in der Tine de Conflens lösen können, verlassen wir den Wald. Ein kleines Stück die Strasse entlang, dann auf Wald- und Feldwegen laufen wir zum hübschen Dorf **Ferreyres** und dahinter weiter nordwärts auf dem Strässchen durch die Felder. Auf dem nur ganz leicht ansteigenden Plateau hat man einen überraschend weiten Blick auf die fruchtbaren Ebenen des Waadtlands, fern im Südwesten erhebt sich der **Montblanc** in den Savoyer Alpen.
Oberhalb des engen Vallée d'Engens kommen wir dann in den Wald, durch den unser Weg zu den Feldern und Weiden von **Envy** führt. Ein Stück weit folgen wir der Strasse, lassen dann aber Envy links liegen und nehmen die Abkürzung direkt zum ehemaligen **Benediktinerkloster** von **Romainmôtier**.
Die zirka tausendjährige **Stiftskirche**, das einzigartige **mittelalterliche Klosterensemble**, aber auch die stattlichen Häuser aus der Zeit, als Romainmôtier Stadtrecht bekam, locken Touristen nicht nur aus der Schweiz an. Dennoch lässt sich im Schatten einer Mauer oder eines alten Baumes ein stiller Ort finden, an dem wir die Atmosphäre des Städtchens auf uns wirken lassen können. Dann machen wir uns auf den kurzen Weg durch die Felder zum Bahnhof von **Croy-Romainmôtier.** Von dort fährt ein Zug zurück nach La Sarraz.

Standort Wanderwegweiser

Zum nächsten Zwischenziel

❶ Ferreyres
❷ Ferreyres
❸ Romainmôtier
❹ Croy

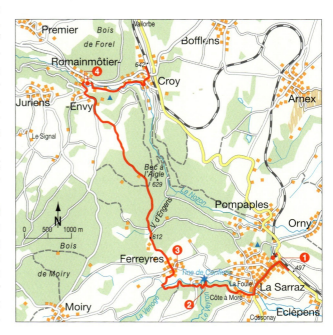

Oberhalb der Orbeschlucht zurück ins Mittelalter

Orbe – Romainmôtier 14 km, 4¼ Std.

Schon die alten Römer wussten das malerische Tal des Flusses Nozon zu schätzen: Im Wald von Bellaires südöstlich vom späteren Klosterstädtchen Romainmôtier hat man Überreste römischer Eisenschmelzöfen aus dem 6. Jahrhundert gefunden. Seine grosse Blüte erlebte dieser Landstrich jedoch im Mittelalter, als der Aufstieg des **Klosters Romainmôtier** begann, es ist bekannt als die «Wiege des Schweizer Christentums».

Bevor wir uns nach Romainmôtier aufmachen, sollte uns nichts daran hindern, uns ein wenig in **Orbe** umzusehen, wo unsere Wanderung beginnt. Vermutlich um 150 nach Christus gründeten die Römer genau hier, an einer Verzweigung der von Lausanne kommenden römischen Heerstrasse die Siedlung Urba. Das hauptsächlich **mittelalterlich geprägte Städtchen** Orbe weist aber auch so manches **sehenswerte Patrizier-haus** aus späteren Jahrhunderten auf.

Nach dem kleinen Rundgang verlassen wir Orbe und überqueren den gleichnamigen Fluss. Am Wehr des Elektrizitätswerks von Orbe vorbei gelangen wir zu einem schönen Industriedenkmal, dem **Turbinensaal** des 1908 errichteten **Wasserkraftwerks von Montcherand**.

Hier überqueren wir erneut die Orbe, dann schlagen wir einen Bogen durch das **hübsche Bauerndorf Montcherand**. Kunstfreunde und -freundinnen sollten sich keinesfalls nehmen lassen, in Montcherand die **Kirche St-Etienne** aufzusuchen: Erst 1902 hat man hier prächtige **koptische Wandmalereien** entdeckt, die während der Reformationszeit von Bilderstürmern übermalt worden waren.

Am kleinen künstlichen See vorbei – in Montcherand gibt es ein renommiertes **Zentrum zur Erforschung der Wasserkraft** – tauchen wir in den Wald oberhalb der **Orbeschlucht**. Tief unter uns rauscht der Fluss, und wenn sich hie und da der Mischwald lichtet, säumen bunte Blumen unseren Weg.

Auf dem angenehmen Pfad laufen wir so schliesslich auf das ebenfalls schon von den Römern besiedelte **Les Clées** zu. Die Stadtfestung Les Clées beherrschte lange die Passage nach

Schwierigkeitsgrad
Leichte Wanderung auf angenehmen Wegen, nur sanft ansteigend oder abfallend.

Richtzeit
Wanderzeit 4¼ Std.

Anfahrt
Orbe ist gut mit Zug und Bus zu erreichen.

Weitere Informationen
http://tourisme.orbe.ch/
www.romainmotier.ch
www.lake-geneva-region.ch

Frankreich, bis sie 1475 während der Burgunderkriege von den Eidgenossen zerstört wurde. Von der ehemaligen Burg ist nur noch der massive viereckige **Bergfried aus dem 13. Jahrhundert** erhalten, der im 19. Jahrhundert restauriert wurde.

Wir lassen die Orbeschlucht hinter uns, streifen Les Clées nur und wandern aufwärts durch Wald und über Weiden, dann die Strasse entlang in Richtung **Bretonnières.** Wir unterqueren Bahnlinie und Autostrasse, lassen die kleine Gemeinde Bretonnières rechts liegen und laufen dann auf fast ebenem Weg durch den herrlichen **Bois de Forel** zum berühmten ehemaligen **Benediktinerkloster Romainmôtier,** wohl eine der bedeutendsten Sehenswürdigkeiten des Kantons Waadt.

Die **Stiftskirche,** die das Zentrum der Klosters darstellt, wurde um das **Jahr 1000** errichtet, sie ist damit eines der ältesten romanischen Gebäude der Schweiz, die Besichtigung, – auch der etwas später errichteten weiteren Klosterbauten – ein Muss. Anschliessend sollten wir noch das

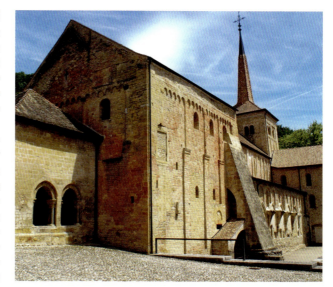

Begehbare Geschichte: die Klosteranlage von Romainmôtier.

Priorhaus aus dem 13. Jahrhundert besuchen, heute ein Begegnungszentrum für Künstler aus aller Welt. Dann können wir mitten im Mittelalter auf den Bus zum Bahnhof Croy-Romainmôtier warten. Von dort fahren Züge nach Palézieux und Vallorbe – beachten Sie den Fahrplan.

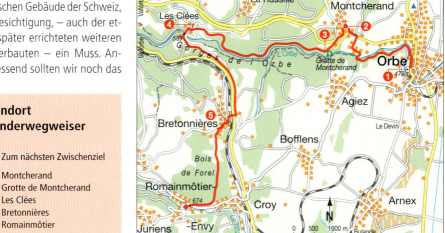

Standort Wanderwegweiser

Zum nächsten Zwischenziel

❶ Montcherand
❷ Grotte de Montcherand
❸ Les Clées
❹ Bretonnières
❺ Romainmôtier

11

4

Von Aussicht zu Aussicht über dem Neuenburgersee
Ste-Croix – Vallorbe 20 km, 5¾ Std.

Eine sehr aussichtsreiche Wanderung hoch über dem fruchtbaren Bezirk Gros de Vaud führt uns auf dem Jurahöhenweg von der alten Spieluhrenstadt Ste-Croix zur ebenso alten Industriestadt Vallorbe.

Ste-Croix liegt auf einer Terrasse am Rande des Waadtländer Juras. Das kleine Städtchen war bis nach dem Zweiten Weltkrieg weltberühmt für seine **Spieldosenfabrikation,** auch Phonographen und Grammofone wurden hier hergestellt. Heutzutage ist nur noch eine einzige Spieluhrenfirma übrig geblieben. Das **Musée CIMA** im Ort ist dieser grossen Tradition gewidmet. Interessante Einblicke in die Industriegeschichte des Orts bietet aber auch das bereits 1872 gegründete **Musée des Arts et des Sciences** etwas abseits vom Zentrum.

Wir verlassen Ste-Croix in Richtung Südwesten und steigen über Wiesen und Felder und ein Stückchen Wald hinauf zum Weiler La Gittaz Dessous mit dem alten Zollhäuschen Bel Orizon. Über die Weiden hinter **La Gittaz Dessous** gelangen wir hinab durch den Wald zum Pass **Col de l'Aiguillon.** Hier schlagen wir einen Bogen um die **Aiguilles de Baulmes** – ein Felsband von eindrücklichen Ausmassen, dessen schroffe Wände bei Sportkletterern sehr beliebt sind.
Wenn wir aus dem Wald getreten sind, wandern wir den unbewaldeten Gegenhang hoch zur Buvette an der **Grange Neuve.** Weiter über die Weide und dann steil durch den Wald steigen wir nun zum Rücken des **Suchet.** Wenn wir hier einen kleinen Umweg auf den Gipfel des Suchet machen, bekommen wir eine wunderbare Aussicht auf Neuenburgersee und Lac Léman sowie die Alpen mit dem alles überragenden Montblanc.

Vom Bergrestaurant **Chalet du Suchet** wandern wir über die grosszügige Weide nach La Poyette mit seinen Panzersperren – die Grenze nach Frankreich ist hier sehr nah – und dann weiter talwärts an den Höfen **La Languetine** und **La Bessonne** vorbei. Lassen wir bei unserem Abstieg zum Ferienort

Schwierigkeitsgrad
Mittelschwere Wanderung, relativ lange Wanderzeit.

Richtzeit
Wanderzeit 5¾ Std.

Anfahrt
Ste-Croix ist mit dem Zug über Yverdon-les-Bains erreichbar.

Weitere Informationen
www.ste-croix.ch
www.musees.ch (Spieluhrenmuseum CIMA in Ste-Croix)
www.vallorbe-tourisme.ch

Restaurants
Ferme La Grange Neuve
Chalet du Suchet

Im Bogen um den Bergrücken: Die Felswände der Aiguilles de Baulmes sind bis zu achtzig Meter hoch.

Ballaigues unser Auge über den französischen Jura, die Kornkammer des Gros de Vaud und den Neuenburgersee schweifen, fällt uns südlich von Vallorbe ein sehr prägnanter Berg ins Auge: der **Dent de Vaulion** mit seiner – im Gegensatz zum flach ansteigenden Südhang – extrem steilen Nordwestwand.

Südlich von Ballaigues überqueren wir die Autostrasse und gehen dann bald wieder in den Wald. Wenn wir diesen nach zirka einem Kilometer wieder verlassen, stehen wir am **Barrage de Jougnena,** hier ist das Flüsschen Jougnena gestaut, bevor es in die Orbe fliesst.

Vom Barrage de Jougnena, geht es auf fast ebenem Weg in das alte Städtchen **Vallorbe** hinein, das sich seit dem Mittelalter langsam zu einem bedeutenden Industriestandort entwickelt hat. Seinen grossen Boom erlebte Vallorbe Ende des 19. Jahrhunderts mit der Vollendung der Eisenbahnlinie Lausanne–Vallorbe: Wenn wir auf unserem Weg zum Bahnhof zurückschauen, können wir das monumentale – und sehr fotogene – **Eisenbahnviadukt** über den Stausee **Lac des Rosiers** sehen, das 1870 fertiggestellt wurde. Falls wir mit dem Zug über Yverdon nach Hause fahren, wird es uns noch einmal einen **traumhaften Blick** über die Landschaft bescheren.

Standort Wanderwegweiser

Zum nächsten Zwischenziel

① La Gittaz Dessous
② Le Suchet
③ Ballaigues
④ La Bessonne
⑤ Vallorbe

5

Sonnige Weiden, steile Abgründe – auf dem Gipfel des Chasseron
La Combaz – Ste-Croix 14,5 km, 4½ Std.

Wer den anstrengenden Aufstieg zum Chasseron, der höchsten Erhebung des Waadtländer Jura, unter die Füsse nehmen will, sollte schwindelfrei sein. Als Belohnung winken dafür ein **faszinierendes Panorama** und weitere spektakuläre Aussichten.

Der Bus von **Couvet** zu unserem Ausgangspunkt La Combaz fährt leider nur samstags und sonntags. Unsere Höhenwanderung beginnt hinter dem **Restaurant La Combaz,** das in der Umgegend wegen seiner köstlichen **Beignets au fromage** sehr beliebt ist. Der schmale Pfad führt uns bald durch den Wald aufwärts zu den weitläufigen Wiesen, die zum Hof **Les Gillardes** gehören. Nach dieser kleinen Anstrengung geht es erst einmal fast eben weiter durch den Wald und dann über die grosszügigen typisch baumbestandenen Jura-Kuhweiden von **La Calame** und **La Cruchaude.** Beim Hof La Cruchaude biegen wir nach rechts ab und nehmen den Aufstieg zum Gipfel des Chasseron in Angriff. Bis zum Hof **Les Cernets-Dessous** ist der Weg recht steil. Aber auch die schönen Aussichten, die sich bereits hier bieten, lassen unser Herz schneller schlagen. Über die sonnigen Weiden geht es höher hinauf bis zum Strässchen, das zur **Buvette Grandsonne-Dessus** führt. Wenn wir noch keine Pause machen wollen, verlassen wir die Strasse kurz vor der Buvette und steigen auf dem mit schrattigen Felsen durchsetzten Pfad über die Bergwiese direkt zum Gipfel des Chasseron. An klaren Tagen ist das **360-Grad-Panorama** vom Chasserongipfel aus fantastisch: Zu unseren Füssen glitzert im Südosten der **Neuenburgersee** mit Yverdon. Hinter den sanften Abhängen zeigt sich im Süden der **Genfersee.** Im Nordosten erhebt sich der **Chasseral,** der nur 40 Zentimeter höhere Bruder des Chasseron. Bei sehr guter Sicht wandert unser Auge in der Ferne die **Alpenkette** entlang: von Eiger, Mönch, Jungfrau in den Berner bis zum mächtigen Montblanc in den Savoyer Alpen. Wie die **Gämsen,** die sich zu-

Schwierigkeitsgrad
Mittelschwere Wanderung, zum Teil exponiert. Bergschuhe erforderlich.

Richtzeit
Wanderzeit 4½ Std.

Anfahrt
La Combaz ist (samstags und sonntags, nur im Sommer) mit dem Bus von Yverdon-les-Bains oder von Couvet (an der Bahnlinie Neuchâtel – Buttes) zu erreichen.

Weitere Informationen
www.sainte-croix.ch
www.jura-hoehenwege.ch

Restaurants
Chalet La Grandsonne dessus
Hotel Le Chasseron
Chalet Restaurant Les Avattes

Dem Himmel nah: Der Chasseron ist der höchste Gipfel des Waadtländer Jura.

hauf in der steilen Nordwand tummeln, sollten wir beim Geniessen der Aussicht Vorsicht walten lassen: Vor allem bei Nebel ist es gefährlich, sich zu sehr dem steilen Abgrund zu nähern!

Ob wir uns auf der Bergwiese niederlassen oder uns im Restaurant stärken: Der Abschied vom Gipfel des Chasseron fällt nicht leicht. Doch der zuerst abfallende, dann wieder ansteigende **Gratweg** entschädigt uns mit weiteren **wunderbaren Aussichten** auf die umliegenden Juragipfel und -täler. Von der **Alpweide Petites Roches** an führt uns der Weg nur noch abwärts. An der Skilift-Bergstation zwischen den Kühen und den Bäumen der Alpweide **Le Cochet** biegen wir rechts in die Forststrasse zum kleinen Weiler **Les Praises** ab. Kurz vor Les Praises gibt es auf der Weide eine nicht leicht zu erkennende Abkürzung nach **Ste-Croix.** Nicht schlimm, wenn wir sie verpassen: Der Umweg über Les Praises benötigt nur wenige Minuten. Das letzte Stück hinab nach Ste-Croix ist dann noch mal recht steil. Auf der Hauptstrasse gelangen wir an der **hübschen weissen Kirche** aus dem 18. Jahrhundert vorbei zum Bahnhof.

Standort Wanderwegweiser

Zum nächsten Zwischenziel

1. Les Gillardes
2. La Calame
3. Le Chausseron
4. Les Praises
5. Ste-Croix Gare

6

Auf Rousseaus Spuren zu den Herren von Grandson
Fleurier – Grandson 19,5 km, 6 Std.

Hätten wir uns im 18. Jahrhundert für eine Wanderung von Fleurier nach Grandson entschlossen, wären wir an einem sonnigen Tag vielleicht **Jean-Jacques Rousseau** begegnet. Der grosse Naturphilosoph lebte von 1762 bis 1765 in Môtiers, keine drei Kilometer von **Fleurier**, unserem Ausgangspunkt, entfernt. Man kann sich sicher sein, dass ihm die Gegend oberhalb des Neuenburgersees oft Inspiration war – besonders aber der Anblick der **Poëta Raisse**. Anders als wir heute, hätte Rousseau die geheimnisvolle Schlucht aber noch nicht durchwandern können: Bevor im 19. Jahrhundert einheimische Naturfreunde die ersten Brücken und Leitern anbrachten – eine abenteuerliche Arbeit –, war die Poëta Raisse unpassierbar.

Wir verlassen **Fleurier** – die grösste Gemeinde des Val de Travers – in Richtung Südosten und laufen aufwärts durch die Felder auf den **Forêt des Raisses** zu. Der im Wald weiter ansteigende Weg führt uns zur **Poëta Raisse**, eine der schönsten Schluchten des Jura.

Zwischen hohen Felsen, an wilden **Strudelbecken**, rauschenden **Wasserfällen** und dunklen **Grotten** vorbei, steigen wir über Treppen, Rampen und schmale Brücken durch die feuchte Kluft nach oben. Die vielen Farne und Moose verleihen der Schlucht ein geradezu märchenhaftes Aussehen. An gefährlichen Stellen helfen uns verankerte Eisenketten oder das Geländer weiter. **Achtung:** Der obere Teil der Poëta Raisse ist extrem steil, hier führt der Weg über **Eisenleitern**.

Wenn wir die Poëta Raisse durchstiegen haben, gelangen wir in einem Bogen durch den Wald auf die Lichtung bei **Plan de la Vaux**. Ein Stückchen weiter aufwärts treffen wir dann auf den Jurahöhenweg und folgen ihm bis zum Restaurant an der Bushaltestelle **La Combaz**.

Hinter La Combaz überqueren wir einen Sattel, und plötzlich liegt im Tal tief vor uns der **Neuenburgersee** mit Yverdon-les-Bains. Vielleicht ist – je nach Wetter – dahinter sogar die **Alpenkette** zu sehen. Der

---

Schwierigkeitsgrad
Anspruchsvolle Wanderung, in der Schlucht sehr steil, lange Wanderzeit.

Richtzeit
Wanderzeit 6 Std.

Anfahrt
Fleurier ist mit dem Zug von Neuchâtel aus erreichbar.

Weitere Informationen
www.neuchateltourisme.ch
www.watchvalley.ch
www.grandson.ch
www.chateau-grandson.ch

Restaurants
Chalet La Combaz

Feste der Macht: Die Wanderung endet beim Schloss der Herren von Grandson.

Eine Dauerausstellung im Schloss, das heute als **Heimatmuseum** dient, präsentiert eine **Sammlung mittelalterlicher Waffen.** Wer hingegen eher Freude an Glamour hat, sollte sich im Oldtimer-Museum des Schlosses umsehen: Dort steht etwa der schneeweisse **Lieblings-Rolls-Royce** der Hollywood-Göttin **Greta Garbo.**

Falls uns nach all der schönen Natur aber überhaupt nicht nach Museum ist, können wir uns vor dem Schloss rechts halten, um direkt zum Bahnhof zu kommen.

schöne Ausblick begleitet uns auch auf unserem Weg durch das bewaldete Tal abwärts.
Wir durchqueren das Dörfchen **Mauborget** und wandern dann steil durch den Wald hinab auf Villars-Burquin zu, das wir aber nur streifen. Dem Waldrand entlang geht es so zum Weiler Fontaines-sur-Grandson. Vorbei an der über **400 Jahre alten Mühle von Fiez** kommen wir zum **Clos du Pont,** wo wir den Fluss **L'Arnon** überqueren, der sich hier seinen Weg zum Neuenburgersee gebahnt hat.
Zwischen Feldern und Reben wandern wir nun auf das mächtige **Schloss Grandson** zu, dessen Erbauer gute Verbindungen nach England hatten: Otto I. von Grandson ging 1271 mit dem britischen Prinzen Edward auf einen Kreuzzug nach Galiläa und half diesem später auch bei der Eroberung von Wales.

Standort Wanderwegweiser

Zum nächsten Zwischenziel

① Poeta Raisse
② La Combaz
③ Mauborget
④ Grandson

7

Unterwegs in der Heimat der Grünen Fee
Fleurier – Couvet 16 km, 5¼ Std.

Im Jahr 1769 gelang Madame Henriette Henriod aus **Couvet** etwas ganz Besonderes. Als Heilmittel waren Wermut, Anis und Fenchel schon lange bekannt. Aber daraus ein spezielles Wässerchen zu brennen war eine epochemachende Idee. Sie nannte den grünlichen Likör **«absinthe»** (französisch für «Wermut»), und schnell wurde die mit Wasser verdünnte «Medizin» aus Madames Garten immer beliebter. 1797 wurde in Couvet eine erste Brennerei gegründet, bald entstanden im **Val de Travers** weitere Distillerien. In Frankreich avancierte der Absinthe dann im 19. Jahrhundert zum **Kultgetränk.** Während der **«heure verte»** von 17 bis 19 Uhr – sah man halb Paris vor grün schimmernden Gläsern sitzen.
Maler wie **Vincent van Gogh** und **Toulouse-Lautrec**, Schriftsteller wie **Oscar Wilde:** Dass gerade exzentrische Naturen den Absinth liebten, gab dem Gerücht Nahrung, der Genuss führe zu Veränderungen im Gehirn. Man begann das Getränk «train direct» zu nennen – Schnellzug in den Wahnsinn. Schliesslich wurde 1908 die Herstellung in der Schweiz verboten.
Im Val de Travers wurde der Absinth aber – trotz hoher Strafen – heimlich weiterproduziert. Zum Glück, denn sonst wäre, als das Verbot 2003 aufgehoben wurde, nichts mehr vom alten Wissen übrig gewesen. Man hatte erkannt, dass Absinth so ungefährlich oder gefährlich ist, wie jedes andere hochprozentige Getränk.
Heute gibt es im Val de Travers wieder **Dutzende Brennereien.** So ist es gut möglich, dass wir an einem Brunnen auf ein Fläschchen der Grünen Fee stossen: Es soll den Wanderer erquicken, aber auch Werbung für einen der lokalen Hersteller machen.
Vom **Bahnhof Fleurier** aus gehen wir durch die Rue des Moulins zum Dorfrand und dann in den Wald **La Fourchau.** Wenn wir die Eisenbahnlinie gekreuzt haben, bringt uns der nun steile Weg nach **Haut de la Vy,** wo sich uns eine feine Sicht auf den Rücken des **Chasseron** präsentiert. Der Weg über die **Juraweiden** ist nun fast eben oder steigt nur leicht an. Über eine kleine Allee kommen wir zum Hof **Monlési** und spazieren dann weiter über die Weiden in die

Schwierigkeitsgrad
Mittelschwere Wanderung, relativ lange Wanderzeit.

Richtzeit
Wanderzeit 5¼ Std.

Anfahrt
Fleurier ist gut mit dem Zug zu erreichen.

Weitere Informationen
www.neuchateltourisme.ch
www.fleurier.ch
www.couvet.ch
www.absinthe-wiki.de

Senke von **La Roche** hinab. Dort kreuzen wir die Strasse nach Couvet und steigen dann – zuerst auf dem Zubringersträsschen, später auf schmalen Pfaden – gemächlich die Nordflanke des **Val Trémalmont** hinauf. Hinter dem Hof **Le Châble** folgen wir ein Stück der Strasse, biegen bald wieder in den Wald ab und wandern über eine Geländerippe. Von der Lichtung aus folgen wir dem Forstweg abwärts durch den Wald, bis wir erneut auf die Strasse treffen.

Statt der Strasse nehmen wir lieber den **Corridor aux Loups,** einen schmalen Weg in einer bizarren Felsgalerie mit vielen **Höhlen,** der uns direkt nach **Couvet** bringt, den **Geburtsort des Absinths.** Auf dem Weg zum Bahnhof sollten wir uns nicht scheuen, bei einer der kleinen **Destillerien** anzuklopfen. Gerne zeigt man uns die **uralten Brennapparate** und lässt uns einen Absinth kosten – nach historischem Rezept.

Ein magischer Weg: der Corridor aux Loups.

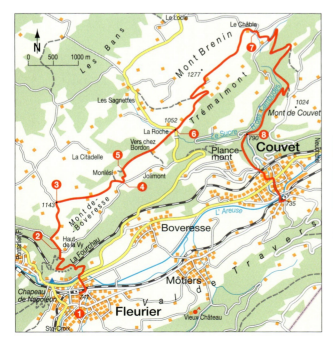

Standort Wanderwegweiser

Zum nächsten Zwischenziel

1. Haut de la Vy
2. Grands Prés
3. Strässchen nach rechts
4. La Citadelle
5. La Roche
6. Le Châble
7. Couvet RVT
8. Couvet par le Corridor aux Loups

Im mystischen Morgenlicht oberhalb des Felstheaters

Rundwanderung am Creux du Van 9,5 km, 2¾ Std.

Wer regelmässig durch den Jura wandert, mag vom einen oder anderen Gipfel aus schon in der Ferne den auffallenden **Creux du Van** erblickt haben, eine natürliche Felsarena von riesigen Ausmassen. Welches Stück mag wohl im steinernen Theater gegeben werden?
Schauen wir doch, was auf dem Spielplan steht: Schon wenn wir mit dem Auto von Neuchâtel nach Couvet fahren, haben wir links von uns immer wieder einen schönen Blick auf das **eindrückliche Felsenhalbrund**. Der Creux du Van wurde bereits 1870 zum Naturschutzgebiet ernannt, das Areal ist somit das **älteste Naturschutzgebiet** der Schweiz.

In Couvet biegen wir links ab und überqueren die **Areuse**. Hinter der Brücke geht es dann erneut nach links. In Le Couvent müssen wir noch mal abbiegen und kommen so schliesslich zum **Parkplatz Chez les Favre,** dem Ausgangspunkt unserer Rundwanderung.
Vom Parkplatz aus folgen wir – nun zu Fuss – dem ständig leicht ansteigenden Teersträsschen, das wir aber bald verlassen, um zwischen **Trockenmauern** hindurch über die mit grossen Tannen bestandenen Weiden zum kleinen **Bergrestaurant Ferme du Soliat** zu wandern. Dort können wir uns ruhig ein wenig stärken, damit uns der imposante Anblick, der uns in wenigen Augenblicken erwartet, nicht sofort umwirft.
Denn kaum 300 Meter von der Ferme du Soliat entfernt stehen wir schon vor dem fast senkrechten Abgrund des von ewiger Erosion geschaffenen **Naturwunders.** Hier beginnt nun der Bergpfad, der uns auf der Felskante um den **Creux du Van** führt. Auf dem Weg ist **Vorsicht** angebracht – wer die seltsame Schönheit der Schlucht ausgiebig geniessen will, sollte stehen bleiben, wenn er sich umschaut. Bis zu 160 Meter geht es hier hinunter: Man könnte glauben, wir würden am Rand des Grand Canyon herumspazieren und nicht auf der Grenze zwischen den Kantonen Neuenburg und Waadt. Ein Milan kreist in der Luft und sucht Beute, nur John Wayne fehlt, um das Bild perfekt zu machen. In den Felsen unter uns tummeln sich **Steinböcke** und muntere **Gämsen**.
Zwar wurde 1770 im Creux du Van der letzte Bär erlegt, in den Siebzigerjahren des letzten Jahrhunderts setzte man aber zwei Luchspaare aus. Doch so leise wir auch sind, ihre Nachfahren

---

Schwierigkeitsgrad
Leichte Wanderung, Schwindelfreiheit unbedingt erforderlich

Richtzeit
Wanderzeit 2¾ Std.

Anfahrt
Der Parkplatz Chez les Favre ist mit dem Auto über Neuchâtel und Couvet zu erreichen.

Weitere Informationen
www.neuchateltourisme.ch
www.watchvalley.ch
www.drei-seen-land.ch

Restaurants
Ferme du Soliat
Ferme La Baronne
Ferme Les Petites Fauconnières

Was wird denn hier gespielt? Das Felsenrund des Creux du Van ist in jedem Licht bezaubernd.

bekommen wir nicht zu sehen – **Luchse** sind sehr scheue Tiere. Am schönsten ist es an diesem bezaubernden Ort übrigens am frühen Morgen, wenn die aufgehende Sonne den Creux du Van in fast **mystisches oranges Licht** taucht.

Nach einer guten halben Stunde entlang der Tiefe lassen wir den Creux du Van wehmütig hinter uns und steigen über die feuchte Wiese voller **Trollblumen** und **Berganemonen** hinunter zum Hof **La Grand'Vy.** Über die sanft geschwungenen Matten geht es weiter zur rustikalen **Bergbeiz La Baronne** und dann – vielleicht begleitet vom Hämmern eines Buntspechts – in einem Bogen zwischen ausladenden Tannen hindurch zum **Bergrestaurant Les Petites Fauconnières.** Von dort zurück zum Parkplatz ist es nicht mehr weit.

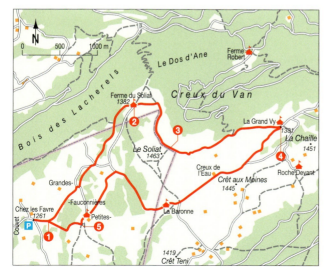

Standort Wanderwegweiser

Zum nächsten Zwischenziel

① Ferme du Soliat
② Le Soliat
③ La Grand'Vy
④ La Baronne
⑤ Parc chez les Favre

Rundherum zeigt alles seine schönste Seite

Vue des Alpes – La Tourne 12,5 km, 3½ Std.

Die Passhöhe **Vue des Alpes** zwischen La Chaux-de-Fonds und Malvillier trägt ihren Namen mit vollem Recht: Der **Panoramablick** über den Jura und auf die mächtigen Alpen in der Ferne ist wahrlich grandios. Und auf unserem Weg über einen Teil der Fernwanderroute Basel – Genf nach La Tourne wird die Aussicht nicht schlechter – ganz im Gegenteil.

Am Samstag- oder Sonntagmorgen nehmen wir das einzige vormittägliche Postauto von **La Chaux-de-Fonds** zur Vue des Alpes (nur in der Sommersaison, Fahrplan beachten!). Bevor wir uns an der **Sommerrodelbahn** vorbei auf den Jurahöhenweg («Chemin des crêtes») machen, werfen wir einen kurzen Blick auf die Panoramatafel an der Strasse; so wissen wir die Gipfel zu benennen, die die fernen Kulissen unserer Wanderung bilden.

Zu Beginn ist der Weg noch ein bisschen schattig, doch recht schnell stehen entlang des Pfads zur **Tête de Ran** fast keine Bäume mehr. Bald schon erreichen wir das Hotel Tête de Ran. Der viertelstündige steile Aufstieg von hier zum hundert Höhenmeter weiter oben gelegenen **Gipfel** ist ein Muss: Im Westen schauen wir tief nach Frankreich hinein. Wir lassen unser Auge über den bunten Flickenteppich der Felder im **fruchtbaren Val de Ruz** schweifen und über den **Neuenburgersee**. Weiter in der Ferne erstreckt sich das **Berner Oberland** am Horizont. Nordöstlich, tief im Tal, liegt La Chaux-de-Fonds.

Um unsere schöne Höhenwanderung wieder aufzunehmen, verlassen wir die Tête de Ran auf einem weniger steilen Weg in Richtung Südwesten. An Skiliften vorbei und durch ein kleines Wäldchen, dann über die **grosszügigen Weiden** von **Grandes Pradières Dessus** – auch die Kühe scheinen die gute Luft und die tolle Aussicht zu geniessen –

Schwierigkeitsgrad
Leichte Wanderung, gutes Schuhwerk nötig.

Richtzeit
Wanderzeit 3½ Std.

Anfahrt
Samstags und sonntags fährt im Sommer vormittags je ein Bus von La Chaux-de-Fonds zur Vue des Alpes. Beachten Sie bitte den Fahrplan. Der Bus muss spätestens 30 Min. vor Abfahrt telefonisch reserviert werden: 079 637 51 64.

Weitere Informationen
www.neuchateltourisme.ch
www.toboggans.ch
(Sommerrodelbahn Vue des Alpes)

Restaurants unterwegs
Restaurants auf der Vue des Alpes
Restaurant Tête de Ran
Buvette Les Pradières Dessus
Restaurant Ferme Grande Sagneule
Restaurant La Tourne

Auf der Krete: Auch ohne Sonne bieten sich viele erfreuliche Aussichten.

gehts nun durch das karstige Gelände zuerst ab-, dann wieder aufwärts. Etwas ausser Atem erreichen wir den **Mont Racine,** den höchsten Punkt unserer Wanderung. Vom **Triangulationspunkt** auf dem Gipfel des Mont Racine bietet sich eine der herrlichsten Aussichten unserer Tour. Unter uns liegt schön das Tal von Sagne. Neuenburger- und Murtensee, der **Montblanc** in der prächtigen **Alpenkette,** der Chaumont und der Chasseral, die Freiberge und die Vogesen: Alles zeigt sich hier von seiner besten Seite.

Vom Mont Racine aus erreichen wir dann auf dem weiterhin aussichtreichen Gratweg das Restaurant **Ferme Grande Sagneule,** in dem sich hervorragend speisen lässt, und etwas später den Hof **Petite Sagneule.** In einem Bogen müssen wir anschliessend einen kleinen Bergrücken hinaufwandern, dann geht es nur noch sanft abwärts. Beim Weg über die satten Kuh- und Pferdeweiden sehen wir in der Ferne das mysteriöse grosse Felsrund des **Creux du Van** (vergleiche Route 8). Weiter links präsentieren sich uns wunderbar Grandson und Yverdon am Ufer des Neuenburgersees. Über den kurvigen Fahrweg und zum Schluss durch ein kleines Waldstück erreichen wir die Bushaltestelle **La Tourne.** Von dort fahren mehrmals am Tag Busse nach Neuchâtel oder Le Locle.

Standort Wanderwegweiser

Zum nächsten Zwischenziel

1. Tête de Ran
2. Mont Racine
3. Grande Sagneule
4. La Tourne

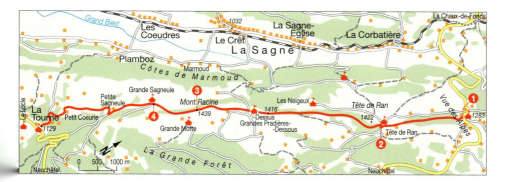

10

Durch 4,5 Milliarden Jahre zum malenden Dichter

Chaumont – Neuchâtel 5,5 km, 1½ Std.

Gemessen am Alter unseres Sonnensystems (zirka **4,5 Milliarden Jahre**) ist der Mensch so etwas wie eine brandneue Erfindung der Evolution. Und so werden wir uns am Ende des erdgeschichtlichen Lehrpfads **«Sentier du temps»,** der vom **Neuenburger Hausberg Chaumont** hinab nach Neuchâtel führt, zu Recht klein und nichtig vorkommen. Denn jeder Meter des 4,5 Kilometer langen **Schnitzfigurenwegs** repräsentiert eine Million Jahre Geschichte – dem Homo Erectus, dem Vorläufer des modernen Menschen, werden wir erst begegnen, wenn wir fast am Ende unserer Wanderung angelangt sind.
In einer knappen Viertelstunde bringt uns die **Standseilbahn** von der Bushaltestelle **La Coudre** am Rand von Neuchâtel zur Bergstation auf dem **Chaumont.** Oben laufen wir über die Rampe zum **Aussichtsturm.** Der 1912 errichtete, halb futuristisch, halb orientalisch wirkende Turm ist einer der ältesten Betontürme der Schweiz. Von hier kann man – an extrem klaren Tagen – die gesamte **Alpenkette** sehen, vom Säntis bis zum Montblanc. Doch auch an trüberen Tagen lohnt sich die Fahrt auf den Bergrücken: Denn es erwartet einen die herrliche Aussicht auf das Mittelland und auf **Neuenburger-, Bieler- und Murtensee** – oder der Blick auf ein fantastisches Nebelmeer.

Der blau ausgeschilderte Sentier du temps beginnt beim Restaurant. Bis wir allerdings der ersten der siebzehn Holzplastiken begegnen, müssen wir eine Milliarde Jahre – also einen Kilometer – im stillen Wald hinter uns bringen; der erste geschnitzte Baum zeigt uns dann die ersten Lebensspuren auf der Erde: sogenannte **Stromatolithen,** versteinerte Einzeller.
Die nächsten Stationen des Sentier du temps präsentieren uns etwa riesige **Urzeitlibellen** oder den primitiven **Fisch Arandaspis.** Wenn wir dann endlich dem ersten Dinosaurier begegnen, dem wendigen **Herrerasaurus,** sind wir schon eine Stunde unterwegs. Schon bald, nur siebzig Meter hinter dem **Tyrannosaurus,** stossen wir am Ende des Sentier du temps schliesslich auf unseren Ahnen, den **Homo Erectus.** Die Fackel in der Hand der Holzfigur bedeutet, dass dieser bereits das Feuer zu bändigen wusste.
Unser Abstieg nach Neuchâtel führt uns vorbei am **Centre Dürrenmatt,** das sich – vom renommierten Architekten **Mario Botta** errichtet – wunderbar in

Schwierigkeitsgrad
Einfache Wanderung, meist nur leicht bergab, manchmal steiler, für Kinderwagen nicht geeignet.

Richtzeit
Wanderzeit 1½ Std.

Anfahrt
Die Talstation der Standseilbahn auf den Chaumont ist mit dem Bus ab Bahnhof Neuchâtel zu erreichen (Haltestelle La Coudre).

Weitere Informationen
www.neuchateltourisme.ch
www.chaumont-neuchatel.com
www.cdn.ch (Centre Dürrenmatt)

Im milden Licht: Nach der Tour lohnt sich ein Abstecher zum Neuenburgersee.

die Landschaft oberhalb des Neuenburgersees einfügt. Das ganze Jahr hindurch finden hier Symposien und Seminare statt, die sich mit dem Schaffen **Friedrich Dürrenmatts** befassen. Szenische Lesungen, Theateraufführungen und Vorträge ergänzen das Programm.

Ein Besuch lohnt sich aber nicht nur für Literaturfreunde: Die imposante Dauerausstellung von **Gemälden, Zeichnungen und Radierungen** Dürrenmatts stellt klar, dass der Schriftsteller seinem malerischen Werk die gleiche Bedeutung beimass wie seinen berühmten Romanen und Theaterstücken.

Vom Centre Dürrenmatt gelangen wir in wenigen Minuten zum **Bahnhof von Neuchâtel.**

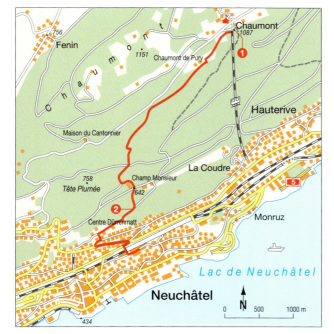

Standort Wanderwegweiser

Zum nächsten Zwischenziel

❶ Sentier du temps
❷ Neuchâtel-Ermitage

11

Entlang des Grenzsees zum höchsten Wasserfall Frankreichs

Rundwanderung Les Brenets 16,5 km, 5¾ Std.

«Nichts anderes vermag uns die Kleinlichkeit aller menschlichen Unterfangen spüren zu lassen als ein Schauspiel dieser Art! Abgesehen von den ägyptischen Pyramiden und dem Petersdom in Rom sind alle Denkmäler kümmerliche Bauwerke im Vergleich zu diesem **beeindruckenden Theater des Saut du Doubs»:** So schrieb 1813 der deutschfranzösische Historiker Georg Bernhard Depping über den Ort, an dem der Doubs aus dem **Lac des Brenets** stürzt.

Unsere Rundwanderung, die uns an eben diesem famosen Naturschauspiel vorbeiführen wird, beginnt in **Les Brenets** im Neuenburger Jura, direkt an der französischen Grenze. Der Ort wurde erstmals 1325 schriftlich erwähnt; 1848 gab es einen Dorfbrand, bei dem viele mittelalterliche Häuser zerstört wurden. Der Wiederaufbau des Ortskerns erfolgte dann im Schachbrettmuster.

Schon von Les Brenets aus haben wir einen schönen Blick auf den Lac des Brenets, der vor **14 000 Jahren** durch einen **Bergsturz** entstand. Wir orientieren uns an der Beschilderung «Saut du Doubs» mit dem Zusatz «Tête de Calvin +10 min.» Den zehnmütigen Umweg zu **«Calvins Kopf»** sollten wir uns unbedingt leisten: Dort gibt der Wald den herrlichen Blick auf eine enge Doubsschlaufe frei. Danach tauchen wir wieder in den Wald und wandern bald auf dem Teersträsschen oberhalb des Lac des Brenets zum **Hôtel du Saut-du-Doubs** am Ende des Lac des Brenets. Der See wird von den Franzosen übrigens auch **Lac de Chaillexon** genannt – nach dem kleinen Weiler auf der französischen Seite.

Der Wasserfall ist von hier leicht zu finden, und sofort können wir nachvollziehen, was Depping so begeisterte: Der Doubs rauscht hier 28 Meter in die Tiefe, das macht den **Saut du Doubs** zum **höchsten Wasserfall Frankreichs** – denn seit Napoleons Zeiten liegt er ganz auf französischem Gebiet. Das beliebte Wan-

Schwierigkeitsgrad
Anspruchsvolle Wanderung, relativ lange Wanderzeit, Trittsicherheit notwendig.

Richtzeit
Wanderzeit 5¾ Std.

Anfahrt
Les Brenets ist von Le Locle aus mit dem Zug zu erreichen. Während der Hochsaison verkehrt auch ein Schiff von Les Brenets zum Saut du Doubs. Konsultieren Sie den Fahrplan.

Weitere Informationen
www.sautdudoubs.ch
www.lesbrenets.ch
www.nlb.ch (Schiff Les Brenets – Saut du Doubs)

Restaurants
Restaurants am Saut du Doubs auf Schweizer und auf französischer Seite
Restaurant Roches de Moron

Idyll: Von der Tête de Calvin hat man eine schöne Sicht auf die Doubsschleife.

derziel lässt sich übrigens während der Hochsaison auch in gut zwanzigminütiger Fahrt mit einem **Ausflugsschiff** ab Les Brenets erreichen.

Vom Saut du Doubs aus gelangen wir auf einem Pfad, der links vom Fahrsträsschen abzweigt, durch den Wald hinunter zum zweiten See unserer Wanderung, dem **Lac de Moron**. Dieser künstliche See wurde 1953 gemeinsam von Frankreich und der Schweiz zur Energiegewinnung aufgestaut. Über den schönen Uferweg wandern wir vorbei an moosigen Felsen auf die Staumauer **Barrage du Châtelot** zu. Rund 800 Meter vor dem Wehr biegen wir nach rechts auf den kleinen Fussweg, der uns durch den Wald hoch zum Restaurant **Roches de Moron** bringt. Weiterum ist das Gasthaus für seine über **zwölf Meter lange Dessertkarte** bekannt, auf der unter anderem 350 verschiedene Glacékreationen zu finden sind. Vom Aussichtspunkt in unmittelbarer Nähe des Restaurants haben wir eine ausgezeichnete Sicht hinab auf die Staumauer und die Biegung des Sees.

Hinter Roches de Moron wird der Weg durch den Wald zur Fussspur, hier braucht es eine gewisse Trittsicherheit, festes Schuhwerk ist Pflicht. Entlang der steilen Abbruchkante des **Creux de Moron** gelangen wir so zum nächsten Aussichtspunkt, **Belvédère.** Unter uns wirkt der Lac de Moron zwischen den Bergen wie eine blaue Schlange. Dahinter, in Frankreich, blicken wir auf den dicht bewaldeten **Mont Châtelard.**

Kurz hinter Belvédère biegen wir nach Süden ab und wandern über die hübschen **typischen Juraweiden** – sie gehören zu verschiedenen kleinen Höfen – wieder hinab nach Les Brenets.

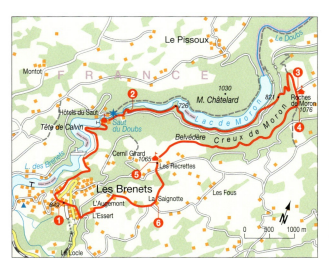

Standort Wanderwegweiser

Zum nächsten Zwischenziel

❶ Saut du Doubs
❷ Roches de Moron
❸ L'Escarpineau
❹ Les Recrettes
❺ Halte des Frêtes
❻ Les Brenets

12

Im Reich der Sonne und des Windes

St-Imier – Mont Soleil – Mont Crosin – Courtelary 10,5 km, 2¾ Std.

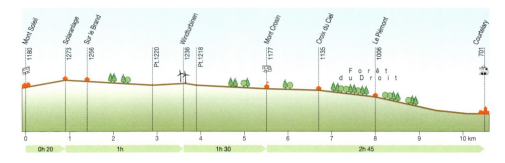

Es ist nicht von der Hand zu weisen: Alternative Energien – die saubere Kraft aus Sonne, Wind und Wasser – werden für eine intakte Umwelt immer wichtiger. Und die Schweiz liegt technisch dabei sehr gut im Rennen, etwa mit ihrer Sonnenkraftanlage auf dem Mont Soleil. Auch die bislang acht Windturbinen auf dem benachbarten Mont Crosin machen den Jura zum bedeutenden Zentrum für **erneuerbare Energien**.

In wenigen Minuten bringt uns die Standseilbahn von der alten Industriegemeinde **St-Imier** – heute ein wichtiger Standort für die Fertigung mikromechanischer Bauteile – hoch zum Anfang des **Erlebnispfads** auf dem **Mont Soleil,** der uns mit seinen leicht verständlichen Informationstafeln nicht nur in die physikalischen Geheimnisse von Sonnen- und Windenergie einweihen wird, sondern auch Wissenswertes über Fauna und Flora der wunderbaren Umgebung bereithält. Ganz in der Nähe der Bahnstation befindet sich übrigens seit wenigen Jahren auch ein **astronomisches Observatorium** (Voranmeldung erwünscht), das unter anderem Astronomiekurse für Kinder anbietet.

Die erste der elf Stationen des Erlebnispfads ist die **grösste Solaranlage der Schweiz.** Die Sonnenkollektoren haben eine Gesamtfläche von 4500 Quadratmetern, das entspricht der Fläche von drei Fussballfeldern. Wenn optimale Wetterbedingungen herrschen, produziert die Anlage bis zu 500 Kilowatt; sie dient bisher allerdings hauptsächlich der Forschung.

Über den **Jurahöhenzug,** der mit seinen wechselnden Aussichten auch Technikmuffel begeistern wird, spazieren wir nun westwärts zu den **Windturbinen** auf dem **Mont Crosin** – ebenfalls die grösste Anlage ihrer Art in der Schweiz. die Tafeln des Erlebnispfads informieren uns unterwegs über interessante Wetterphänomene und klären über die geologische Struktur des Tafel- und des Faltenjuras auf.

Die Windkraft kennt der Mensch schon lange, man denke nur an Mühlen. Doch mit den guten alten Windmühlen verbinden die

Schwierigkeitsgrad
Leichte Wanderung.

Richtzeit
Wanderzeit 2¾ Std.

Anfahrt
St-Imier ist mit dem Zug zu erreichen.

Weitere Informationen
www.juvent.ch
(Führung über den Erlebnispfad)
www.foams.ch
(Observatorium Mont Soleil)
www.saint-imier.ch
www.jurabernois.ch

Eine Wanderung nicht nur für Technikfreunde: Krokusse auf dem Mont Crosin.

Windturbinen auf dem Mont Crosin nicht mehr viel: Die acht Hightechanlagen erzeugen über die Hälfte des in der Schweiz erzeugten Windstroms, nämlich **9 Millionen Kilowattstunden** pro Jahr – das entspricht dem durchschnittlichen Verbrauch von 3000 Haushalten.
In den nächsten Jahren sollen acht weitere Windräder der neusten Generation hinzukommen, die verbesserten Modelle werden ein Vielfaches der Strommenge der ersten auf dem Mont Crosin errichteten Turbinen liefern.
Am Ende des Energie-Erlebnispfads können wir den Bus nach St-Imier nehmen oder mit dem romantischen **Pferdefuhrwerk,** das zwischen dem Mont Soleil und dem Mont Crosin hin- und her pendelt, zurück zur Standseilbahn fahren. Am schönsten ist es allerdings, in einem grossen Bogen durch den Wald **Forêt du Droit** hinab ins Vallon de Saint-Imier zu laufen. Zuletzt über üppige Felder und vorbei an der Dorfkirche aus dem 10. oder 11. Jahrhundert erreichen wir schliesslich den **Bahnhof von Courtelary.** Von dort bringt uns ein Zug in fünf Minuten zurück nach St-Imier.

Standort Wanderwegweiser

Zum nächsten Zwischenziel
- ❶ Mont Crosin
- ❷ Courtelary

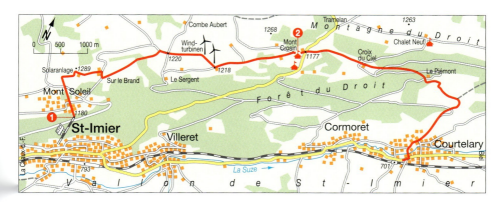

13

Über den Bischofssitz zum Sendeturm auf dem Chasseral

St-Imier – Chasseral 10,5 km, 3¾ Std.

Wer nach dem anstrengenden, dafür aber sehr aussichtreichen Aufstieg ausgiebig die **fantastische Aussicht** vom **Chasseral,** dem höchsten Gipfel des Berner Jura, geniessen will, darf nicht allzu spät losmarschieren: Der letzte Bus vom Hotel de Chasseral zurück nach St-Imier fährt bereits am Nachmittag.

Vom Bahnhof des von der **Uhrenindustrie** geprägten **St-Imier** aus laufen wir südwärts auf die Fabrikgebäude der Firma Longines zu, anschliessend durchqueren wir den Friedhof von St-Imier. Hinter den Feldern haben wir einen ersten immer steiler werdenden Anstieg auf dem schmalen Pfad durch den Wald **La Côte au Renard** vor uns. Wenn wir 200 Meter höher aus dem Wald heraustreten, flacht der Weg aber etwas ab.

Über die sonnige Höhenterrasse ziehen wir an den Höfen **Chez Daniel** und **La Perrotte** vorbei, lassen aber das Naturfreundehaus La Châtelaine mitten auf der saftigen Wytweide links liegen.

Nach einem zweiten etwas steileren Anstieg durch lauschigen Wald kommen wir zur Bergbeiz **Métairie des Plânes.** Dort können wir uns Kraft für eine weitere halbe Stunde Aufstieg holen, der uns, vorbei an kräftigen Bergahornbäumen, zum Aussichtspunkt **La Corne** bringt, von den Einheimischen auch «**Chaise à l'Évêque**» (Bischofssitz) genannt. Von der schroffen Felskante aus (Vorsicht, Rutschgefahr!) lässt sich gut sehen, wie der Bergrücken von der imposanten Schlucht **Combe Grède** durchtrennt wird. Von Villeret aus, das etwas nordwestlich von St-Imier liegt, führt ein Weg durch die Schlucht ebenfalls hierher; der schwierige, mit Leitern und Seilen gesicherte Aufstieg durch die enge Kluft ist allerdings nur äusserst sportlichen Naturen zu empfehlen.

Wir grüssen die **Gämsen,** die sich unterhalb von La Corne im Fels tummeln, und laufen hinunter zum Brunnen bei **Pré aux**

Schwierigkeitsgrad
Mittelschwere Wanderung, zum Teil steil aufwärts, festes Schuhwerk notwendig.

Richtzeit
Wanderzeit 3¾ Std.

Anfahrt
St-Imier ist über Biel gut mit dem Zug erreichbar. Achtung: Der letzte Bus vom Chasseral zurück nach St-Imier fährt recht früh, konsultieren Sie bitte den Fahrplan.

Weitere Informationen
www.st-imier.ch
www.parcchasseral.ch
www.tbsinfo.ch
(Tourismus Biel/Seeland)

Restaurants
Métairie des Plânes
Hôtel de Chasseral

Auges am Ausgang der Schlucht. In Pré aux Auges halten wir uns dann rechts und laufen hinauf zur Gipfelstrasse. Wir schneiden die Kurven der Strasse und laufen – den 120 Meter hohen Sendeturm auf dem Chasseral schon im Blick – in weitem Bogen über die immer karger werdenden Bergwiesen hoch zum **Hôtel de Chasseral.** Dort folgen wir einfach der Sandstrasse über den grasigen Kamm – wir sind oberhalb der Baumgrenze – hinauf zum Gipfel mit der **Relaisstation,** die seit Mitte der achtziger Jahre grosse Teile des Seelands und der Romandie mit Radio und TV versorgt.

Was für eine **tolle Aussicht** sich von hier bietet! Im Norden der Mont Soleil mit der Sonnenenergie-Forschungsanlage und die weithin erkennbaren mächtigen Windräder auf dem Mont Crosin, im Süden Bieler-, Murten- und Neuenburgersee. Im Hintergrund erstreckt sich an klaren Tagen das prächtige **Alpenpanorama** vom **Säntis bis zum Montblanc:** Herrlich!

Vom traumhaften Anblick erbaut, steigen wir wieder zum Hôtel de Chasseral hinunter; von dort fährt der Bus zurück nach St-Imier.

Technik in den Wolken: die Relaisstation auf dem Chasseral.

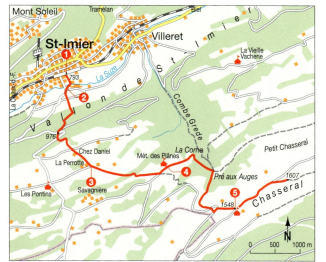

Standort Wanderwegweiser

Zum nächsten Zwischenziel

❶ Métairie des Plânes
❷ La Perrotte
❸ Métairie des Plânes
❹ Chasseral/Hôtel
❺ Chasseral/Signal

Auf dem Winzerpfad über dem Bielersee

Ligerz – La Neuveville – Ligerz 8,5 km, 2¼ Std.

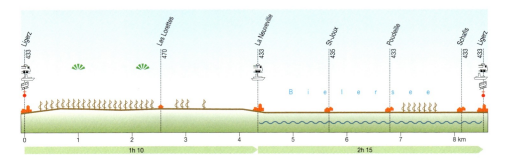

Selbst Menschen, die gerne mal einen Wein trinken, haben oft nur eine vage Ahnung, wie der **köstliche Rebensaft** entsteht. Ihnen sei empfohlen, vor unserer kleinen Wanderung durch eines der schönsten Weinbaugebiete der Schweiz das **Rebbaumuseum Hof** im hübschen **Winzerdorf Ligerz** aufzusuchen: Dort findet man so manches über die verschiedenen Rebsorten, den Schnitt der Reben und die Technik des Pfropfens. Der Einsatz von Dünger und Kupfer wird erklärt, aber auch die Geheimnisse der **Fassherstellung**. Das Rebbaumuseum ist von Mai bis Oktober jeweils Mittwoch-, Samstag- und Sonntagnachmittag geöffnet.

Schon viel schlauer, beginnen wir nun unsere Wanderung, indem wir das steile Strässchen links von der Talstation der Standseilbahn Ligerz – Prêles (Tessenberg) hinauflaufen. Schon nach zirka fünfzig Metern biegen wir nach links ab und wandern jetzt über die **Route du Vignoble** durch die Reben oberhalb des **Bielersees**. Die Aussicht, die sich uns an klaren Tagen von hier bietet ist zauberhaft: Lang streckt sich die Zunge der **St. Petersinsel** in den See, hinter dem anderen Ufer erheben sich die mächtigen **Berner Alpen**. In unserem Rücken thront die **spätgotische Kirche** von Ligerz am Hang – zu Recht ein äusserst beliebtes Fotosujet.

Oberhalb von Schafis (französisch Chavannes, hier verläuft die unsichtbare Sprachgrenze) steigt der Weg noch mal kurz an, von da an ist er eben oder führt sanft abwärts. Hier wird überall die **Chasselastraube** angebaut, eine der **ältesten Rebsorten** der Welt. Der gleichnamige am Bielersee gekelterte Wein besticht durch seine Leichtigkeit, ist süffig und sehr fruchtig.

Ob er auch uns mundet, können wir prüfen, wenn wir das verschlafene Städtchen **La Neuveville** erreichen: Hier gibt es mehrere gemütliche Restaurants, die auch feine Bielersee-Felchen auf der Karte haben.

Wenn wir es nicht allzu eilig haben, sollten wir uns nach dem Essen auf jeden Fall noch im **mittelalterlichen Dorfkern** umsehen (in der Richtzeit nicht eingerechnet): Zwischen den **sieben Türmen** – die meisten stammen aus der Gründungszeit

Schwierigkeitsgrad
Leichte Wanderung auf angenehmen Wegen, nur am Anfang etwas aufwärts.

Richtzeit
Wanderzeit 2¼ Std.

Anfahrt
Ligerz und La Neuveville liegen an der Bahnstrecke Biel – Neuchâtel.

Weitere Informationen
www.ligerz.ch
www.laneuveville.ch
www.biel-seeland.ch

Schön und verschlafen: alte Häuser in La Neuveville.

des Ortes um 1312 – finden sich viele **schmucke Häuser** des 16. bis 19. Jahrhunderts. Auch lohnt sich ein kurzer Besuch des **historischen Museums:** Präsentiert werden unter anderem Kanonen aus der **Schlacht von Murten** sowie ein erst 1880 entdecktes **Einbaum-Boot** und viele weitere eindrückliche Fundstücke aus der Zeit um 2200 vor Christus, als die sogenannten **Pfahlbauer** am Bielersee siedelten.

Vom Bahnhof La Neuveville aus unterqueren wir das Bahntrassee und die Strasse und kommen so direkt zum **Bielersee.** Auf unserem rund einstündigen Rückweg unmittelbar am Ufer begegnen wir mit Sicherheit dem einen oder anderen kamerabewehrten Eisenbahnfreund: Auf der **Jurasüdfussstrecke** herrscht reger Zugverkehr, und das Zusammentreffen von Natur, **alter Kulturlandschaft** und **moderner Technik** sorgt hier für äusserst attraktive fotografische Motive.

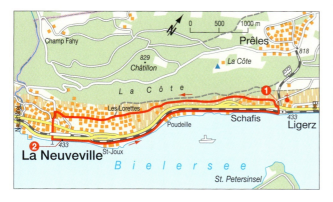

Standort Wanderwegweiser

Zum nächsten Zwischenziel

 La Neuveville
 Ligerz

15

Vom sonnigen Twannberg in Dürrenmatts Mordschlucht
Magglingen – Twann 10 km, 2¾ Std.

Die Wanderung von Magglingen über den Twannberg oberhalb des Bielersees ist ein kurzweiliger Klassiker. Die aussichtsreichen Höhen, die imposante Twannbachschlucht und das liebliche Winzerdorf Twann haben sie so beliebt gemacht.

Die **Standseilbahn,** einen knappen Kilometer vom Bahnhof Biel entfernt, braucht keine zehn Minuten um ins 450 Meter höher gelegene **Magglingen** zu gelangen. Das mittlere der drei grossen Gebäude links der Bergstation ist das 1877 erbaute **Grand Hotel.** Der Zeuge aus der Frühzeit des Tourismus dient heute als Unterkunft für Schüler und Kursteilnehmer der benachbarten Eidgenössischen Sportschule. Von der Terrasse der Sportschule ist die Aussicht wunderbar: Der **Bielersee** glitzert prachtvoll in der Sonne, an schönen Tagen reicht das **Panorama** vom Montblanc bis zum Pilatus. Ein stetig leicht ansteigender Weg – wir befinden uns auf dem alten Magglinger Kurpfad – führt durch den Wald zu den Picknickplätzen auf den **Magglingematten.** Von dort laufen wir ein Stück am Waldrand entlang, dann durch den dunklen Tannenwald. Über die grosse Lichtung auf dem Twannberg mit dem wundervollen Ausblick auf das **Plateau de Diesse** zu Füssen des mächtigen Chasseral gelangen wir zu den Gebäuden des **Feriendorfs Twannberg.** Die vom renommierten Architekten **Justus Dahinden** entworfenen futuristisch anmutenden Waben wurden 1980 errichtet, um behinderten Menschen gemeinsam mit Nichtbehinderten günstigen Urlaub in sonniger Umgebung zu ermöglichen. Zurzeit ist das Feriendorf allerdings geschlossen, es wird nach einer neuen Trägerschaft gesucht. Nach zirka einem Kilometer abwärts durch den Wald – immer wieder sehen wir den Bielersee durch die Bäume schimmern – erreichen wir den **Muliweg.** Dieser manchmal sehr rutschige Karrenweg aus dem 13. Jahrhundert bringt uns zum Eingang der **Twannbachschlucht** bei Les Moulins.

Der Einstieg in die Schlucht, in der Friedrich Dürrenmatt in «Der Richter und sein Henker» einen Mord geschehen liess, präsen-

Schwierigkeitsgrad
Leichte Wanderung, in der Twannbachschlucht ist der Pfad oft etwas glitschig.

Richtzeit
Wanderzeit 2¾ Std.

Anfahrt
Die Standseilbahn Biel – Magglingen ist vom Bahnhof Biel in wenigen Minuten zu erreichen.

Weitere Informationen
www.bielersee-tourismus.ch
www.magglingen.ch
www.twann.ch

Belohnung: Nach der dunklen, mysteriösen Schlucht lockt der Bielersee.

tiert sich noch harmlos – das Bächlein gurgelt zufrieden neben dem Wanderweg. Das ändert sich jedoch, wenn die Schlucht nach ein paar Treppen immer enger wird: Hohe Felswände umgeben uns, **Wasserfälle** tosen in die Tiefe. Dann gibt es Rutschen, auf denen der Twannbach schneller wird, um am Schluss rauschend in ein Becken zu stürzen. Der zum Teil recht glitschige Pfad verläuft mal über Brücken und Stege, dann unter beeindruckenden Felsüberhängen hindurch und an dunklen **Höhlen** vorbei – eine der grössten ist von einer **Fledermauskolonie** bewohnt. Am Ende der Twannbachschlucht erreichen wir dann den **Aussichtspunkt Känzeli** und blicken von dort über die Reben hinweg auf die Petersinsel mit dem ehemaligen Cluniazenser-Kloster aus dem 12. Jahrhundert. Über den steilen Treppenweg steigen wir in das trotz der lärmigen Talstrasse idyllische **Winzerdorf Twann** hinab. Wie wäre es – bevor wir den Zug nehmen – mit einem Egli- oder Felchenfilet aus dem Bielersee? Dazu ein Glas Weissen direkt aus Twann?

Standort Wanderwegweiser

Zum nächsten Zwischenziel

❶ Twann

16

Orchideen über dem Nebelmeer und vielleicht ein Auerhahn

Chasseral – Orvin 14,5 km, 3¾ Std.

Der **Chasseral,** dessen Gipfel der höchste Punkt des Berner Jura ist, wird nicht nur von wandernden Naturkennern und -kennerinnen geschätzt: Biker keuchen den Berg hinauf, Kletterer steigen durch die Felsen. Und die Vogelkundler lassen sich bei der Ausschau nach **grossen Raubvögeln** nicht von den vielen bunten Deltaseglern ablenken, die hoch über dem Vallon de Saint-Imier ihre Kreise ziehen.

In einer gut halbstündiger Fahrt schlauft sich der Bus von **St-Imier** über die Nordflanke des Chasseral hoch zum **Hôtel de Chasseral** etwas unterhalb des Gipfels. An den in der Höhe weidenden Kühen vorbei laufen wir hinüber zur klobigen **Fernseh- und Radiosendestation.** Der Ausblick ist unglaublich: Je nach Wetter beleuchtet die Sonne ein schier endloses Nebelmeer, oder die herrliche Landschaft rund um **Bieler-, Murten- und Neuenburgersee,** dahinter die schneebemützten **Berner Alpen.** Im Norden öffnet sich der Blick über den Jurabogen. Auf dem gegenüberliegenden **Mont Crosin** sind die riesigen **Windräder** zu erkennen, tief im Tal liegt St-Imier.

Hier oben auf dem Chasseral-Gipfel beherrschen mit **Verwitterungstrümmern** übersäte Grasflächen die Landschaft. Butterblumen sorgen für gelbe Tupfer im Grau-Grün unter dem blauen Himmel. Botanikspezialisten haben noch mehr Freude an den **Orchideen,** die hie und da am Rand des nun beginnenden Gratwegs stehen. Mögen sie sich nicht zu sehr auf diese raren Schönheiten konzentrieren, sie verpassen sonst den Pfiff eines **Murmeltiers** oder übersehen die **Gämsen** in den steilen Felsen unterhalb des Pfads...

Auf dem gemächlich abwärtsführenden Gratweg bedecken nur noch ein paar Grasnarben den Fels, an manchen Stellen zieren violette Disteln den Pfad. Im Schatten der **Trockenmauern** können wir uns zu einem Picknick niederlassen, so sind wir beim Geniessen der Aussicht etwas vor dem oft heftigen Wind geschützt, während über uns vielleicht ein **Bussard** oder ein **Rotmilan** nach Beute sucht. Auch kleinere Vogelarten, die man im Tal eher selten zu sehen

---

Schwierigkeitsgrad
Mittelschwere Wanderung, festes Schuhwerk erforderlich.

Richtzeit
Wanderzeit 3¾ Std.

Anfahrt
St-Imier ist über Biel gut mit dem Zug erreichbar.

Weitere Informationen
www.jura-hoehenwege.ch
www.parcchasseral.ch
www.tbsinfo.ch

Restaurants
Hôtel de Chasseral
Métairie d'Evilard

Herrliche Natur: Auf dem Kretenweg geht es vom Gipfel des Chasseral sanft abwärts.

bekommt, sind auf dem Chasseral heimisch: Geübte Augen und erfahrene Ohren erkennen leicht die **Heide- und die Feldlerche,** den **Bergpieper** und den **Steinschmätzer.**
Bei der SAC-Hütte **Cabane du Jura** verlassen wir den Gratweg. Auf unserer Wanderung abwärts verändert sich die Landschaft nun stetig: Die vereinzelten Rottannen am Weg verdichten sich langsam zu Waldstücken zwischen den Weiden, der Weg wird steiler. Wenn wir Glück haben und sehr leise sind, sehen wir vielleicht einen **Auerhahn,** der sich am Waldrand an seiner Lieblingsspeise gütlich tut: Heidelbeeren. Die Verantwortlichen des **Regionalparks Chasseral** versuchen mit landschaftsgestalterischen Mitteln das Überleben des Vogels in dieser Region zu sichern.
Auf dem hübschen Weg nach **Prés d'Orvin** geht der Tannenwald nun langsam in sehr lichten Mischwald über. Bald noch etwas steiler wandern wir dann über Weiden und zum Schluss wieder durch Wald hinab ins 866 erstmals erwähnte kleine Dorf **Orvin.** Von dort nehmen wir den Bus nach Biel.

Standort Wanderwegweiser

Zum nächsten Zwischenziel

❶ Chasseral/Signal
❷ Les Colisses
❸ Cab. CAS Jurahaus
❹ Les Prés d'Orvin
❺ Orvin

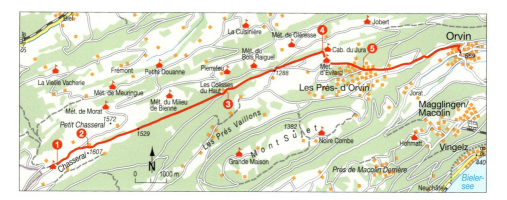

17

Zum Drama in der tiefen Schlucht

Lengnau–Tubeloch 14,5 km, 4½ Std.

Fast überall in der Welt, wo es imposante Schluchten gibt, sind diese mit uralten, Furcht einflössenden Mythen verbunden. Das gilt auch für das **Tubeloch** in der ersten Jurafalte oberhalb von Biel-Bözingen.

Die **Legende** besagt, dass sich hier zur Zeit der Kreuzzüge ein Colombe («Taube») genanntes junges Mädchen aus Verzweiflung in die Tiefe warf, nachdem der kriegerische Schlossherr von Rondchâtel, der **grausame Ritter Enguerrand,** ihren Verlobten in die Schlucht gestürzt hatte. Enguerrand wollte das **schöne Mädchen** für sich haben. Seit jenem Tag, so die Legende weiter, können Wanderer im feuchten dunklen Tubeloch das klagende Wimmern einer Taube vernehmen. Es ist die Stimme der unglücklichen Braut: Auf dass niemand die böse Tat des üblen Ritters vergesse!

Doch keine Angst – es ist viel wahrscheinlicher, dass der Name der Schlucht vom Wort **«Tobel»** abzuleiten ist.

Unsere Wanderung zum Schauplatz der schauerlichen Sage beginnt am Bahnhof von **Lengnau.** Durch das Dorfzentrum gehen wir auf den Vorberg zu. Hinter der Kirche biegt das Strässchen dann nach Westen ab, und wir wandern, zuerst recht steil, bald aber etwas flacher ansteigend, durch den Mischwald **Im Bann** hinauf nach **Im Malers.** Zwischendurch haben wir dabei immer wieder einen schönen Blick auf die Ebene. Meist durch den Wald gelangen wir weiter zum beliebten **Gleitschirmstartplatz** östlich vom Bözingenberg. Als Wanderer verspürt man auf dieser Lichtung ebenfalls Lust, die schweren Wanderschuhe gegen leichte Flügel zu tauschen, um schnell zum **Bielersee** hinüberzufliegen, den wir im Südwesten in der Sonne liegen sehen.

Wir laufen stattdessen weiter zum **Kurhaus Bözingenberg.** Von der grosszügigen Lichtung haben wir ebenfalls eine wunderbare Sicht auf den Bielersee, das Mittelland und – an klaren Tagen – auf die Alpen.

Unser Weg führt weiter westwärts, dann von der **Mülbe** aus in grossen Schleifen durch den dichten Wald zum Bahnhof von Frinvillier-Taubenloch und schliesslich zur **Eau-Berge Tu-**

Schwierigkeitsgrad
Einfache bis mittelschwere Wanderung, in der Schlucht manchmal etwas rutschig.

Richtzeit
Wanderzeit 4½ Std.

Anfahrt
Lengnau ist gut mit dem Zug erreichbar.

Weitere Informationen
www.lengnau.ch
www.boezingenberg.ch
www.eau-berge-tubeloch.ch

beloch mit dem kleinen Haustierstreichelzoo am Eingang der kühlen Schlucht.

Der Weg durchs Tubeloch führt zwischen steilen, moosbewachsenen Wänden hindurch – zum Teil sind Galerien in den überhängenden Fels geschlagen –, vorbei an **Strudellöchern, Grotten** und **Wasserfällen.** Von einer Brücke haben wir einen dramatischen Blick in die enge Klus: Oh, die arme Colombe!

Am eindrücklichsten ist das Tubeloch aber kurz nach Regenfällen, wenn die **Schüss** (französisch: La Suze) Hochwasser führt. Überall um uns herum tost und rauscht es dann, wenn die gewaltigen Wassermassen über **Rutschen und Fallen** die

Schaurig-schön: Wasserfall im Tubeloch.

Standort Wanderwegweiser

Zum nächsten Zwischenziel

❶ Romont
❷ Bözingenberg
❸ Taubenlochschlucht – Biel-Bötzingen

Schlucht hinab nach Biel rauschen. Bei Regen ist im Tubeloch Vorsicht angebracht!

Am Ausgang der Schlucht sehen wir ein eingemauertes Kässeli; die Taubenlochgesellschaft, ein gemeinnütziger Verein, der den Weg unterhält und auch die aufschlussreichen Info-Tafeln in der Schlucht angebracht hat, freut sich über eine kleine Spende. An der Bushaltestelle **Tubeloch** warten wir auf den Bus zum **Bahnhof Biel.**

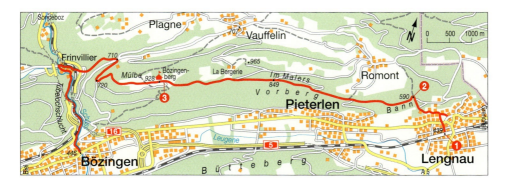

Wo man feine Mönchsköpfe macht

Tavannes – Bellelay 17,5 km, 4¾ Std.

Unsere Wanderung im Grenzgebiet zwischen den Kantonen Bern und Jura führt uns durch hübsche alte Uhrenstädtchen zum Geburtsort eines berühmten Schweizer Käses.

Wir verlassen **Tavannes,** das stark von der im letzten Jahrhundert noch blühenden Uhrenfabrikation am Südrand des Vallée de Tavannes in Richtung Tramelan. Der Weg über den Weidehügel Pâturage de la Rochette steigt sanft an und führt uns bald in den **Forêt de la Voité.** Wenn wir den Wald in der Flanke der Montagne du Droit verlassen, betreten wir die grosse **Hochebene von La Tanne.** Den Hof La Tanne lassen wir allerdings rechts liegen und laufen weiter über die weite Weide zu den Häusern von **Prés Renaud.** In weniger als einer halben Stunde wandern wir dann zwischen einzelnen Baumgruppen hindurch abwärts ins kleine Städtchen **Tramelan.**

Auch hier boomte einst die Uhrenindustrie, und so entdecken wir auf unserem Weg durch das Zentrum von Tramelan das eine oder andere **stolze Fabrikgebäude** vom Beginn des letzten Jahrhunderts.

Wir verlassen Tramelan über die Rue de la Printanière. Der Weg über die lieblichen Juraweiden der **Pâturage du Droit** steigt wieder sanft an. Am Waldrand überschreiten wir die Grenze zwischen dem Kanton Bern und dem Kanton Jura und laufen über die fast ebene **Pâturage du Bas** ins schmucke, landwirtschaftlich geprägte **Les Genevez.** Im Dorf sollten wir das **Musée rural** aufsuchen. Dort kann man – nach Voranmeldung – erfahren, wie man im 16. Jahrhundert in den Freibergen wohnte und arbeitete.

Am Waldrand hinter Les Genevez passieren wir erneut die Kantonsgrenze – wir sind nun wieder im Berner Jura. Über Pferdeweiden und ein Stück durch den Wald Forêt de Béroie gelangen wir zum ehemaligen **Kloster von Bellelay.** Der Propst Siginand von Moutier-Grandval hatte sich im 12. Jahrhundert in der Gegend verirrt und das Gelübde abgelegt, ein Kloster zu gründen, sollte er jemals in die Zivilisation zurückfinden. Nach vier Tagen war er schliesslich wieder in Moutier – und machte

Schwierigkeitsgrad
Leichte Wanderung, nur sanft bergauf und bergab.

Richtzeit
Wanderzeit 4¾ Std.

Anfahrt
Tavannes ist gut mit dem Zug zu erreichen.

Weitere Informationen
www.juratourisme.ch
www.jurabernois.ch
www.lesgenevez.ch
www.domaine-bellelay.ch

Weiter Himmel, weite Weiden: Steinmauer an der Pâturage du Bas.

bald darauf sein Versprechen wahr. Seit 1899 beherbergt der eindrückliche Bau eine Psychiatrische Klinik.

Sehr sehenswert ist in Bellelay auch die Anlage der **Domaine Bellelay,** die sich der Zucht der berühmten Freiberger Pferde widmet.

Im historischen Bauernhaus vor den grossen Stallungen und der Trainingsanlage der Domaine befindet sich ein weiteres **Landwirtschaftsmuseum.** In der **Schaukäserei** in der ehemaligen Klosterscheune (Voranmeldung nötig) wird den Besuchern gezeigt, wie Tête de Moine («Mönchskopf») hergestellt wird, der berühmte Rohmilchkäse der Mönche von Bellelay. Sein würziger Geschmack tritt am besten hervor, wenn man ihn mit der Girolle – so heisst der traditionelle Rundhobel – zu feinen Rosetten schneidet. Zu Beginn seiner Karriere diente Tête de Moine übrigens in der Region als valables Zahlungsmittel!

Wer bedauert, dass die schöne Wanderung nun schon zu Ende sein soll, kann sich noch auf den zirka einstündigen lehrreichen Spaziergang durch das **Moorgebiet La Sagne** südlich des Dorfs machen. Vom Dorfzentrum Bellelay fahren dann Postautos nach Tavannes oder Reconvilier. Nachmittags und an Wochenenden gibt es allerdings nur sehr wenige Verbindungen, konsultieren Sie bitte den Fahrplan.

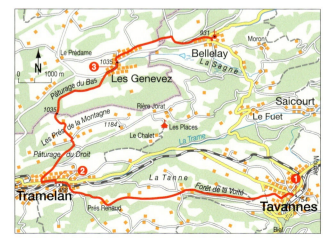

Standort Wanderwegweiser

Zum nächsten Zwischenziel

① Tramelan
② Les Genevez
③ Bellelay

19

Durch alte Juradörfer in die schattige Schlucht

Reconvilier – Moutier 15 km, 3¾ Std.

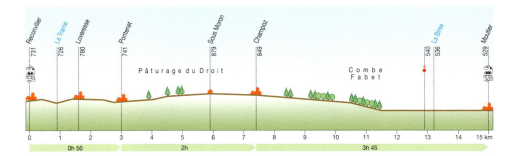

Ein bisschen jurassische Industriegeschichte, dann saftige Weiden zwischen alten Dörfern an der Flanke des Moron und zum Schluss eine feuchte Schlucht im dunklen Wald: Unsere Wanderung von Reconvilier nach Moutier hat einiges zu bieten.

Das schön in der Birsniederung gelegene **Reconvilier** war bis um die Mitte des 19. Jahrhunderts ein von der Landwirtschaft geprägtes Dorf. 1855 wurde dort die Giesserei Bueche, Boillat & Cie mit angeschlossenem Walzwerk gegründet; Reconvilier wurde zu einem der wichtigsten Industrieorte des **Vallée de Tavannes.** Die heute zu Swissmetal gehörende «Boillat», wie die Giesserei von den Angestellten genannt wird, geriet 2004 und 2006 wegen grosser Streiks in die nationalen Medien.

Wir verlassen das recht weitläufige Reconvilier in Richtung Nordosten, überqueren das Bächlein **La Trame** und laufen dann in einer guten halben Stunde über fette Wiesen und Weiden aufwärts ins stille Dorf **Loveresse,** dem Geburtsort des berühmten musikalischen Clowns **Grock** (1880 –1959), und dann über noch mehr satte Weiden und bunte Felder zum Bauerndorf Pontenet, dem nächsten Punkt auf unserer Wanderung.

Genau wie Loveresse weist auch das beschauliche **Pontenet** ein paar sehr schöne **Bauernhäuser** aus dem **17. und 18. Jahrhundert** auf; das älteste stammt gar aus dem Jahr **1673.**

Wir lassen Pontenet hinter uns und spazieren über die grosszügigen, mit Blumen gesprenkelten Weiden der **Pâturage du Droit** weiter aufwärts.

An den zahmen Ziegen vom Hof Sous Moron vorbei wandern wir dann zum Dorf **Champoz** auf der hoch gelegenen Talterrasse. Das ebenfalls von alten **Jurahäusern** geprägte Dorfbild – Neubauten gibt es hier keine – hat der hübschen kleinen Gemeinde den verdienten Titel **«Village d'importance nationale»** eingetragen.

Hinter Champoz geht es abwärts – erst auf der Strasse, dann auf dem Feldweg – in den dichten Wald hinein und schliesslich zur Schlucht **Combe Fabet.** Zwar sind die ausgewaschenen glatten Felswände, zwischen denen wir durch die farnbewachsene Schlucht hinabstei-

Schwierigkeitsgrad
Leichte Wanderung.

Richtzeit
Wanderzeit 3¾ Std.

Anfahrt
Reconvilier ist über Solothurn oder Biel mit dem Zug zu erreichen.

Weitere Informationen
www.reconvilier.ch
www.moutier.ch
www.jurabernois.ch

«Dorf von nationaler Bedeutung»: In Champoz stehen viele alte Jurahäuser.

gen, nicht sehr hoch; dennoch ist es hier ziemlich feucht und dunkel, besonders, wenn sich die Combe Fabet zu einem **finsteren Schacht** verengt. Wir laufen über das **moosige Bett** des ausgetrockneten Baches, der einst die Schlucht schuf, und können aus dieser Perspektive hervorragend erkennen, wie beinahe künstlerisch das Wasser seine Arbeit am Juragestein verrichtet hat. Unmittelbar am Ende der Schlucht treffen wir auf die Strasse nach **Moutier**. Ursprünglich war der Ort, der sich erst seit 1950 Stadt nennt, nur ein Marktflecken an einer Talverzweigung in der Nähe verschiedener Juraübergänge. Als 1840 eine Glashütte errichtet wurde, begann hier dann die Industrialisierung, bald liess sich auch die Uhrenindustrie in Moutier nieder. Heutzutage ist die Stadt vor allem als **Zentrum des Schweizer Werkzeugmaschinenbaus** bekannt.

Unser Weg führt an der **Kapelle von Chalière** mit ihren Wandmalereien aus dem 11. Jahrhundert vorbei, dann über die Birse (die im deutschsprachigen Teil des Berner Juras Birs heisst) durch die Innenstadt von Moutier zum Bahnhof.

Standort Wanderwegweiser

Zum nächsten Zwischenziel

❶ Moutier

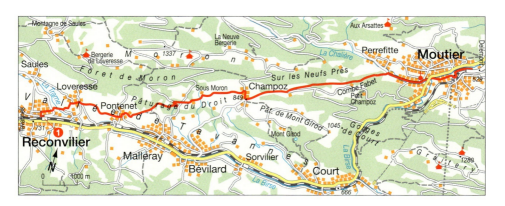

20

In wunderbaren Höhen von Kanton zu Kanton
Court – Gänsbrunnen 13 km, 4¾ Std.

In **Court,** im Kettenjura am östlichen Ende des **Vallée de Tavannes,** wo wir unsere Wanderung über den Graitery beginnen, ist alles noch französisch angeschrieben. Wenn unsere Tour in seltsam wunderbarem Benzinduft endet, wird sich das geändert haben.

In Court begann man schon früh, nicht alleine von der Landwirtschaft zu leben. Im späten Mittelalter wurden hier Schmelzöfen betrieben, in denen Eisen aus den Erzgruben der Umgebung verarbeitet wurde. Im Chaluettal östlich von Court gab es bereits im 17. Jahrhundert vier Glashütten. Ende des 19. Jahrhunderts entwickelte sich Court dann vollends zu einer Industriegemeinde. Obwohl das Dorf heuer ein **Zentrum der Uhrmacherei** und des Maschinenbaus ist, hat die **schön gelegene** Gemeinde ihren ländlichen Charakter bewahrt.

Wir verlassen Court auf der Hauptstrasse in Richtung Birsklus. Schon bald biegen wir aber nach rechts ab und laufen über die Birs (sie heisst hier noch La Birse), dann unterqueren wir die Autobahn und wandern auf der Rue de Chaluet ostwärts durch das Tal. Nach gut drei Kilometern verlassen wir die Strasse und steigen steil durch den Wald **Sous Graitery** hoch zur lang gestreckten Weide des Hofes **Les Ordons,** die wir überqueren, um dann wieder durch Wald weiter aufwärts zum Haus bei Punkt 1217 zu gelangen. Hier bietet sich der kurze Umweg zum **Gipfel des Graitery** an, der uns einen **wunderbaren Rundblick** gewährt: Wir können von dort zu den Vogesen hinüberschauen oder zum Raimeux, auch die Klus von Moutier ist gut zu sehen. Im Süden verläuft parallel zu unserem Höhenzug die erste Jurakette.

Ob wir den kleinen Abstecher zum Gipfel machen oder nicht: Der Weg über die Weide ostwärts zum nächsten Waldstück ist nicht allzu leicht zu erkennen. Im Wald geht es dann am Rand der Fluh recht steil abwärts zum Viehstall **Loge aux Bœufs,** der am Ende einer weiteren **prächtigen Juraweide** gelegen ist. Abwechselnd durch Waldstücke und über Weiden laufen wir zum letzten Mal aufwärts. Auf dem Gratweg gelangen wir zum

Schwierigkeitsgrad
Mittelschwere Wanderung, am Ende sehr steil abwärts. Festes Schuhwerk erforderlich.

Richtzeit
Wanderzeit 4¾ Std.

Anfahrt
Court ist über Solothurn oder Biel mit dem Zug zu erreichen.

Weitere Informationen
www.court.ch
www.gaensbrunnen.ch
www.tanksaeulenmuseum.ch

Na, schmeckts? Die saftige Weide der Loge aux Boeufs.

höchsten Punkt des **Oberdörferbergs:** Der Gipfel markiert nicht nur die Grenze zwischen den Kantonen Bern und Solothurn, auch die deutsch-französische Sprachgrenze verläuft hier. Vom praktisch waldlosen Gipfel ist die **Aussicht herrlich:** Im Süden, präsentieren sich uns die Röti, der Weissenstein und die Hasenmatt, der höchste Gipfel des Kantons Solothurn.

Vom Gipfel bis zum **Alprestaurant Oberdörferberg** und weiter bis zur **Backihütte,** die von der SAC-Sektion Weissenstein betrieben wird, fällt unser Weg über die Weide nur sanft ab. Richtig steil wird es allerdings, wenn wir durch den dunklen Wald zum **Steinbruch** an der Hauptstrasse bei der kleinen Gemeinde **Gänsbrunnen** hinuntersteigen.

Von Gänsbrunnen fährt in der Regel stündlich ein Zug nach Solothurn. Sollten wir aber noch Zeit haben, lohnt sich ein Besuch im privaten **Tanksäulenmuseum** mit seinen buntblechernen Zeugen des goldenen Auto-Zeitalters. Wer mit dem Geruch automobiler Nostalgie nicht so viel anfangen kann, wird sicher gern die **glitzernden Jukeboxes** bestaunen, die der Museumsbesitzer liebevoll restauriert.

Standort Wanderwegweiser

Zum nächsten Zwischenziel

❶ Graitery
❷ Gänsbrunnen

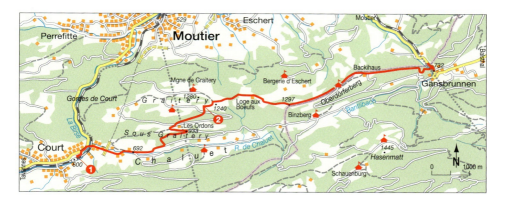

Vom höchsten Punkt des Kantons Jura ins Tal des Eichelhähers

Rundwanderung Moutier – Grandval – Moutier 16 km, 5¼ Std.

Die Wanderung von Moutier über die herrlichen **Flanken des Mont Raimeux** begeistert mit tiefen Einblicken in felsige Schluchten, mit weitläufigen Weiden in der Höhe und einem paradiesischen Waldreservat.

Hinter dem Bahnhof des Industriestädtchens **Moutier** – die grösste Gemeinde des Berner Juras – unterqueren wir die Geleise und gehen durch das Villenviertel zum Waldrand. Durch das lauschige **Waldreservat** im **Forêt du Droit** steigen wir dann über die Südostflanke des Mont Raimeux immer höher über Moutier. Bei der **Kanzel** – nahe der Stelle, wo man 1870 die Überreste eines **Raubsauriers** fand – haben wir über die schroffen Felsen hinweg einen beeindruckenden Blick in die von der Birs gegrabene Klus **Gorges de Moutier,** durch die die Strasse nach Delémont führt.

Wenn wir aus dem Wald getreten sind, wandern wir auf dem schmalen Karrweg über die grosse Jurabergweide am Hof **Raimeux de Belprahon** vorbei aufwärts zur **SAC-Hütte.**

Wir können uns im hübsch unter Fichten gelegenen Chalet stärken. Oder wir ziehen weiter, an Pferden und Kühen vorbei über die Hochebene zur Alp **Raimeux de Grandval,** wo das Restaurant du Signal eine kleine, aber feine Karte mit regionalen Köstlichkeiten bietet. Von der Alp ist es nur ein knapper Kilometer zum **höchsten Punkt des Kantons Jura:** dem Gipfel des **Mont Raimeux,** der genau auf der Grenze zum Kanton Bern liegt. Vom **Aussichtsturm** erkennen wir im Nordosten Delémont und östlich den markanten Weissenstein. Im Süden präsentiert sich die Hasenmatt, ihres Zeichens höchster Punkt des Kantons Solothurn.

Um unsere Rundwanderung wieder aufzunehmen, laufen wir zunächst zurück zur Alp Raimeux de Grandval und dahinter nach links wieder tief in das Waldreservat hinein. Von einer Kanzel über der **Combe des Geais** – auf Deutsch das **Eichelhähertal** – haben wir wieder einen dramatischen Blick in die Tiefe: Die von **schroffen Felswänden** eingefasste Combe des Geais ist ein wichtiger Teil des Waldreservats.

Früher wurden hier Mähwiesen unterhalten, aber die landwirtschaftliche Nutzung des Felsen-

Schwierigkeitsgrad
Mittelschwere Wanderung, relativ lange Wanderzeit.

Richtzeit
Wanderzeit 5¼ Std.

An- und Rückreise
Moutier ist gut mit dem Zug zu erreichen.

Weitere Informationen
www.moutier.ch
www.jurabernois.ch

Im Hintergrund der wunderbare Mont Raimeux: Pforte im Weg bei Grandval.

kessels verlor im Lauf der Zeit ihren Sinn. Nun stehen in der fruchtbaren Combe des Geais dicht an dicht Buchen und Bergahorn, Weisstannen und Bergulmen. In diesem kleinen **Paradies** nisten **Kolkraben**, auch **Wanderfalken** werden hier immer wieder gesichtet.

Zwischen den mächtigen **Jurakalkfelsen** hindurch wandern wir nun ins Tal hinab. Wo der Wald langsam in Weide übergeht, erfreuen wir uns an dem hie und dort wachsenden **Weissdorn** und an den hübschen **Orchideen.** Überall stehen prächtige **Reichstachelige Rosen** mit dicken schwarzen Hagebuttenfrüchten. Wenn wir im August unterwegs sind, erfasst unser Auge vielleicht sogar einen schönen hellblau-schwarzen **Alpenbock** auf einem Ast am Waldrand. Dieser vom Aussterben bedrohte Prachtkäfer lässt sich gerne nieder, wo am Wegesrand Birkenholzklafter stehen. Von Schmetterlingen umflattert, laufen wir nun auf das Dorf **Grandval** zu, das wir allerdings nur streifen. Dann geht es weiter über die Pferde- und Kuhweiden nach **Belprahon.** Von dort sind wir in zwanzig Minuten schon wieder am Bahnhof von Moutier.

Standort Wanderwegweiser

Zum nächsten Zwischenziel

❶ Raimeux/sommet
❷ Grandval
❸ Moutier

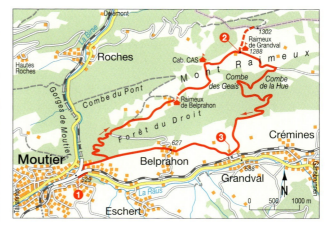

Von der Stadt der starken Pferde ins lauschige Tal des Doubs

Rundwanderung Saignelégier 12,5 km, 4 Std.

Das auf einem breiten Sattel des sonnigen Jurahochplateaus der **Freiberge** gelegene **Saignelégier** ist der Hauptort des Distrikts Franches-Montagnes. Das hübsche Dorf mit fast städtischem Charakter war dank seiner verkehrsgünstigen Lage schon im Mittelalter ein wichtiger Handelsort: Besonders sehenswert ist die trutzige **Burgvogtei** aus dem 17. Jahrhundert mit dem später angebauten **Gefängnisturm.** Trotz der heute hübsch rot-weissen Fensterläden: Hier eine Strafe zu verbüssen war wohl kein Vergnügen.

Saignelégier ist der Ausgangspunkt einer angenehmen Rundwanderung über die gewellten, fast **parkähnlichen Weidelandschaften** der Freiberge hinab ins romantische natürliche Tal des Doubs und zurück.

Vom Bahnhof Saignelégier verlassen wir das Städtchen in Richtung Westen und wandern über die weiten Weiden. Immer wieder prägen grasende **Pferde** die Landschaft, schliesslich ist die Gegend um Saignelégier die Heimat der muskulösen **Freiberger** – der einzigen Schweizer Pferderasse. Die kompakt, aber edel wirkenden Kaltblüter wurden bereits vor 500 Jahren im Nordwesten des heutigen Kantons Jura gezüchtet. Ihre friedliche Natur und ihre grosse Belastbarkeit machten sie zu idealen Landwirtschafts- und in ganz Europa geschätzten Armeepferden.

Hinter den Weiden von **La Retenue** treten wir in den Wald, durch den wir hinab nach **Goumois** gelangen, das malerisch am **Ufer des Doubs** liegt.

Von 1793 bis 1815 gehörte das ganze Dorf zu Frankreich. 1815 beschloss dann der Wiener Kongress, Goumois zu teilen: Der Ortsteil rechts des Doubs ging an die Schweiz – zuerst an den Kanton Bern und 1979 an den neu gegründeten Kanton Jura. Die Einwohner von Goumois stören sich nicht gross an den Folgen der Weltgeschichte. Viele begeben sich täglich über die Brücke zwischen den Ortsteilen – zum Einkaufen oder weil sie Land auf der jeweils anderen Seite der Grenze besitzen.

Wir biegen allerdings vor der Grenzbrücke nach links ab und wandern ein Stück die leicht ansteigende Strasse hinauf. Hinter der Siedlung **Mouillet** gelangen wir auf den Waldweg, der entlang des Doubs nach Le Theus-

Schwierigkeitsgrad
Leichte Wanderung.

Richtzeit
Wanderzeit 4 Std.

Anfahrt
Saignelégier ist gut mit dem Zug zu erreichen.

Weitere Informationen
www.saignelegier.ch
www.juratourisme.ch

seret führt. Am Wegesrand erblicken wir, wenn wir aufmerksam sind, die eine oder andere seltene **Orchidee.** Über dem weitgehend naturbelassenen Doubs suchen **Fischreiher** nach Nahrung. Immer wieder stehen Angler unterhalb der Felswände in den Flussbiegungen und hoffen, eine Doubs-Forelle an Land zu ziehen. Das Restaurant **Le Vieux-Moulin** an einer kleinen Flussschwelle in **Le Theusseret** weiss den Fisch hervorragend zuzubereiten.

Wenn wir uns gestärkt haben, lassen wir den Doubs unter uns zurück und steigen wieder hoch, zunächst durch den Wald zum Weiler **Belfond-Dessous.** Von dort geht es erst am Waldrand entlang, dann durch die manchmal mystisch neblige Senke **Combe de la Rochette** weiter aufwärts nach **Muriaux.** Bei der Bahnstation etwas ausserhalb des Dorfes überqueren wir die Geleise. Der Weg über die Felder und Weiden von **Les Chargeoux** – auch hier grasen wieder Pferde in der Sonne – steigt nur noch leicht an, schliesslich erreichen wir wieder **Saignelégier.**

Berauschende Natur: an der Doubsschwelle in Le Theusseret.

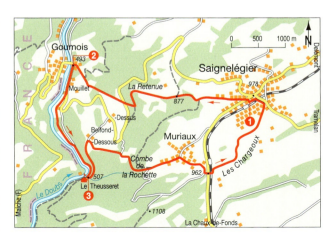

Standort Wanderwegweiser

Zum nächsten Zwischenziel

❶ Goumois
❷ Le Theusseret
❸ Saignelégier

Über weite Weiden bis fast nach Finnland

Saignelégier – Étang de la Gruère – Tramelan 12,5 km, 3¼ Std.

Der idyllische Moorsee **Étang de la Gruère,** eine der lieblichsten Naturschönheiten des Kantons Jura, ja der gesamten Schweiz, hat sein heutiges Gesicht eigentlich dem Menschen zu verdanken. Mitte des 17. Jahrhunderts wurde hier im **Hochmoor** südwestlich von Saignelégier ein kleiner Weiher aufgestaut. In dieser wasserarmen Gegend sollte er als Sammelbecken für eine Mühle dienen, damit diese auch bei Trockenheit funktionieren konnte.

Saignelégier, unser Ausgangsort, ist weithin bekannt für den **Marché-Concours,** das alljährlich am zweiten Augustwochenende stattfindende Fest, das den schönen kräftigen **Freiberger Pferden** gewidmet ist. Aber auch an anderen Tagen ist das schmucke Städtchen einen kleinen Rundgang wert, bevor wir uns zum Étang de la Gruère aufmachen.

Unsere Wanderung beginnt am Bahnhof von Saignelégier. Wir laufen zuerst ein Stück der Bahnlinie entlang und überqueren sie bei der Kreuzung. Dann folgen wir dem Strässchen bis zur **Pferdeskulptur** am Freizeitzentrum und wandern weiter über weite, sanft geschwungene Weiden zum Dorf **Les Cerlatez.** Hier findet sich das **Centre Nature** Les Cerlatez, das Ausstellungen zu Pflanzen- und Tierwelt der Umgegend präsentiert und auch naturkundliche **Führungen** im Programm hat — etwa um den Étang de la Gruère.

Von Les Cerlatez wandern wir ein Stück der Strasse entlang zur **Auberge de la Couronne** hinter dem Weiler **La Theurre.** Vom Hotel-Restaurant sind es nur wenige Minuten, bis wir den Rand des **Étang de la Gruère** erreichen: **Preisel- und Heidelbeeren** wachsen hier am Wegesrand, grosse, blau schimmernde **Libellen** schwirren über dem mit **Rosmarinheide** und **prächtigem Sonnentau** übersäten Boden.

Zum Teil auf Bretterpfaden, dann wieder auf weichem Boden, umrunden wir den geheimnisvoll daliegenden See und lassen uns dabei von den **Lehrtafeln** über die geologische Geschichte des Naturschutzgebietes und die Geheimnisse des wertvollen **Moor-Ökosystems** aufklären.

Schwierigkeitsgrad
Einfache Wanderung.

Richtzeit
Wanderzeit 3¼ Std. (plus 1 Std. für die Umrundung des Étang de la Gruère).

Anfahrt
Saignelégier ist gut mit dem Zug erreichbar.

Weitere Informationen
www.saignelegier.ch
www.centre-cerlatez.ch
www.juratourisme.ch

Als seien wir hoch im Norden: Der Étang de la Gruère ist ein beliebtes Ausflugsziel.

An unserem Pfad finden wir ständig neue **traumhaft stille Plätzchen** für ein kleines Picknick direkt am See. Die **Fichten und Moorbirken,** unter denen wir uns niederlassen, machen uns leicht glauben, wir seien in **Finnland.** Kein Wunder, zieht dieser romantische Landstrich Naturfreunde aus der ganzen Schweiz an. Jugendliche aus der Umgebung sorgen in begeisterter Freiwilligenarbeit für den Unterhalt der Holzstege, die sonst bald im feuchten Boden versinken würden.

Für den Rundgang um den Étang de la Gruère sollten wir – inklusive einer kleinen Pause zum Geniessen der Landschaft! – zirka eine Stunde einrechnen.

Etwas wehmütig verlassen wir den Moorsee dann an seinem Nordufer. Über die für den Kanton Jura so typischen **Wytweiden,** auf denen sich forstwirtschaftlich genutzte Baumgruppen mit offenen Pferde- und Kuhweiden abwechseln, gelangen wir zum Hof **Les Mottes,** wo wir uns wieder in Richtung Süden wenden. Hinter dem Hof **La Pâturatte** überschreiten wir die Grenze zum Berner Jura. Durch die grosszügigen **Weiden und Wiesen** oberhalb des Dorfs **Les Reussilles** wandern wir schliesslich hinunter ins städtische Dorf **Tramelan.** Am Bahnhof von Tramelan können wir auf den Zug oder auf den Bus zurück nach Saignelégier warten.

Standort Wanderwegweiser

Zum nächsten Zwischenziel
❶ Tramelan

Durch Felder und Wald zur Höhle mit Napoleons Mantel

Rundwanderung Grandfontaine 15,5 km, 4 Std.

Am Nordwestrand der Schweiz, fast an der französischen Grenze, liegen die mystischen **Grotten von Réclère.** Wir wandern vom Dorf **Grandfontaine** aus zu den Höhlen, die erst 1889 zufällig von Bauern entdeckt wurden.
Von der Bushaltestelle im Dorf gehen wir ostwärts aus Grandfontaine hinaus. Der **alte Brunnen** und das **historische Waschhaus** an unserem Weg liegen an der Karstquelle, die Grandfontaine einst seinen Namen gab.
Über Felder steigt unser Weg ganz sanft zum Wald von **Retenue** hinauf, den wir durchqueren. Wenn wir den Wald verlassen haben, führt der Weg bald ein Stück die Strasse entlang, dann wenden wir uns nach links auf die alte Strasse nach Rocourt. Nach zirka einem halben Kilometer biegen wir in Richtung Süden ab, dann geht es aufwärts über Felder, Wiesen und durch den lauschigen **Wald von Borbets.** Kurz vor der Vacherie Dessous biegt unser Weg nach **Roche d'Or** ab.
Das Dörflein war bis Ende 2008 die kleinste politische Gemeinde des Kantons Jura. Seit 2009 bildet sie zusammen mit Chevenez, Damvant und Réclère die neue Gemeinde Haute-Ajoie. Von Roche d'Or aus lohnt es sich, einen knapp vierzigminütigen **Abstecher zum Faux d'Enson** auf der weiten Hochebene zu unternehmen. Zwar ist der **Aussichtsturm** nur zehn Meter hoch, er bietet aber ein **beeindruckendes Panorama.** Der 360-Grad-Rundblick reicht vom Rhein über das Elsass und den Jura bis zu den Vogesen und im Nordosten bis zum Schwarzwald.
Wenn wir uns den Umweg über den Faux d'Enson sparen wollen, verlassen wir Roche d'Or vorbei an der Kapelle und folgen dann der Strasse. Wenn diese nach rechts abbiegt, wandern wir erst den Waldrand entlang und dann weiter abwärts durch den Wald von **La Montagne,** den wir kurz vor den Grotten von Réclère wieder verlassen.
Die eindrücklichen **Höhlen von Réclère** werden zu den schönsten Europas gezählt. In Jahrmillionen hat die Natur hier einzigartige Tropfsteinkunst-

Schwierigkeitsgrad
Leichte Wanderung, jedoch ungeeignet für schwere Kinderwagen.

Richtzeit
Wanderzeit 4 Std. (plus eventuell 40 Minuten für den lohnenswerten Aufstieg zum Faux d'Enson).

Anfahrt
Grandfontaine ist unter der Woche mit dem Postauto von Porrentruy aus zu erreichen.
Am Wochenende fährt ein Rufbus der Publicar Ajoie (möglichst früh reservieren: Tel. 0800 55 30 00).

Weitere Informationen
www.grandfontaine.ch
www.prehisto.ch
www.juratourisme.ch
www.publicar.ch

Oberhalb der lieblichen Ajoie: Auf dem Weg zu den Grotten von Réclère begegnet man selten anderen Wanderern.

werke geschaffen, denen der Volksmund passende Namen wie **«Schwiegermutter und Schwiegertochter»**, **«Ballsaal»** oder **«Napoleons Mantel»** gab. Sie alle lassen sich bei einer Führung über den **1,5 Kilometer langen Höhlenweg** bestaunen.

Kinder werden anschliessend spezielle Freude am direkt neben den Grotten liegenden **Préhisto-Parc** haben: Der zwei Kilometer lange **erdgeschichtliche Lehrpfad** führt über **abenteuerliche Hängebrücken** durch den unberührten Jurawald, präsentiert **Dinosaurier** und andere heute fantastisch erscheinende Wesen, die früher auf der Erde wandelten. Über dreissig Tiere im Massstab 1:1 sind hier zu bewundern – oder zu fürchten.

Unser Rückweg führt zuerst durch den Wald von **Le Fahy**, dann über die Lichtung bei Les Chaufours durchs Dorf **Damvant** an der Grenze zu Frankreich. Immer abwärts, mal durch den Wald, mal über bunte Wiesen und Felder erreichen wir schliesslich wieder Grandfontaine.

Standort Wanderwegweiser

Zum nächsten Zwischenziel

❶ Roche d'Or/Grottes de Réclère
❷ Grandfontaine

25

Zu Besuch bei den Meistern der Glasmalkunst

Porrentruy – Alle – Vendlincourt – Bonfol 13,5 km, 3¼ Std.

Welcher Wanderfreund weiss schon, dass der Kanton Jura in der Kunstwelt als wichtiges Zentrum der modernen **Glasmalerei** gilt? Auf geografisch relativ kleinem Raum findet sich hier eine sehr grosse Konzentration solcher Werke. Besonders die Kirchen in den Dörfern und Städtchen in der Ajoie beherbergen so manche **meisterliche Christusdarstellung,** die durch scheinbar simple bunte **Abstraktion** begeistert. Die im Jura wirkenden französischen und Schweizer Künstler liessen sich in den Fünfziger- und Sechzigerjahren des letzten Jahrhunderts gerne von Ikonen der modernen Malerei wie Pablo Picasso und Fernand Léger inspirieren.

Im mittelalterlich geprägten **Porrentruy** etwa, dem Ausgangspunkt unserer Wanderung, lassen sich die **farbenfrohen Fenster** des hier geborenen **Jean-Francois Comment** (1919–2003) betrachten: Einzigartige Beispiele seiner Auffassung einer zeitgemässen christlichen Kunst finden sich in der **St-Peters-Kirche,** der **Spitalkapelle** und der **Kapelle des Schwesternhauses.** Auf unserer Wanderung nach Bonfol werden wir aber noch anderen herausragenden Vertretern der jurassischen Glasmalerei begegnen.

Vom Bahnhof **Porrentruy** gehen wir am Postgebäude vorbei und über den Busparkplatz in Richtung SBB-Geleise. Dann unterqueren wir die Schienen und das Strassenviadukt. Der Weg verläuft nördlich der Eisenbahnlinie. Eine Passerelle über das Flüsschen **Allaine** führt uns zum kleinen Biotop bei der Autobahn. Von hier bis zum hübschen Dorf Alle verläuft der angenehme Weg den **Fluss** entlang.

In Alle mit seinen **gut erhaltenen Häuserzeilen** aus dem 18. und 19. Jahrhundert sollten wir einen Abstecher zur Dorfkirche machen. Dort finden wir die beeindruckenden Glasmalereien von **André Bréchet** (1921–1993), der ein Schüler des berühmten kubistischen Malers **Fernand Léger** war und als Pionier der modernen jurassischen Glasmalerei gilt.

Wir überqueren in Alle die Allaine-Brücke und biegen dann bald in Richtung **Champs Brayer** ab. Zuerst über Felder, dann durch den **Bois Juré** lau-

ℹ

Schwierigkeitsgrad
Leichte Wanderung, auch mit Kindern gut geeignet.

Richtzeit
Wanderzeit 3¼ Std.

Anfahrt
Porrentruy ist mit dem Zug von Delémont aus zu erreichen.

Weitere Informationen
www.porrentruy.ch
www.juravitraux.ch
www.juratourisme.ch

fen wir auf Vendlincourt zu. Ein kleiner Umweg zur **Dorfkirche von Vendlincourt** ermöglicht uns dort den Blick auf die von **Jean-Claude Guélat** (1946–1997) geschaffenen wunderschönen Fenster. Guélat, einer der vielen Schüler des grossen André Bréchet, findet wie sein Lehrer die grösste religiöse Tiefe in der Reduktion der erkennbaren Formen bei gleichzeitiger Inszenierung **farbkräftigen Leuchtens.**

Falls wir lieber direkt zum Ziel wollen, bleiben wir am Dorfrand von Vendlincourt und überqueren die Kantonsstrasse und die SBB-Linie. Unser Bogen um das Dorf führt uns dann durch den Wald zu den **Étangs de Bonfol.** Die ehemaligen Fischweiher wurden Mitte des 18. Jahrhunderts auf Geheiss des Bischofs von Basel angestaut. Heute stehen die Teiche unter Naturschutz.

Von den Étangs de Bonfol ist es nun nicht mehr weit zum Bahnhof am Eingang von **Bonfol** (dessen früherer deutscher Name lautete übrigens Pumpfel), das an der Grenze zu Frankreich liegt.

Fische für den Bischof: einer der Étangs de Bonfol.

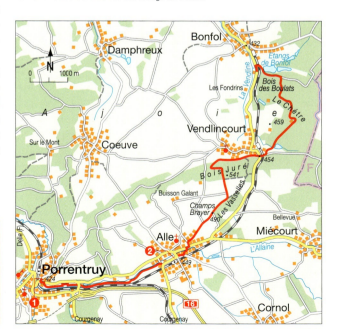

Standort Wanderwegweiser

Zum nächsten Zwischenziel

① Alle
② Bonfol care

26

Von Wirtstöchtern, Seelenlöchern und einem stillen Dorf
Courgenay – St-Ursanne 14 km, 4 Std.

«Bi Prunterut im Jura, da het ä Wirt äs Huus, da luegt äs Meitschi jedi Stund drümal zum Fänschter us. Und fragsch du dänn d'Soldate, wer ächt das Meitschi sei, da lüpft es jedem Schwizerbueb sis Herz und au sis Bei»: Das Dorf **Courgenay** in der Ajoie erlangte am Ende des Ersten Weltkriegs schweizweite Berühmtheit durch die Geschichte der Wirtstochter vom Hôtel de la Gare. Die junge und hübsche **Gilberte de Courgenay** soll den in der Ajoie stationierten Schweizer Truppen mit viel Herzlichkeit und Charme begegnet sein, erzählte man sich. Lange glaubte man, das der Wirtstochter zu Ehren verfasste Lied stamme vom Soldatensänger und Volksliedsammler Hanns In der Gand. Neuere Quellen schreiben es aber den Entlebucher Militärmusikern Robert Lustenberger und Oskar Portmann zu. Im Rahmen des Konzepts der Geistigen Landesverteidigung wurde Gilberte de Courgenay während des Zweiten Weltkrieges als Protagonistin eines Romans, eines Theaterstückes und zweier Filme endgültig zur patriotischen Kultfigur. Heute heisst die hübsche Beiz direkt am Bahnhof von Courgenay dementsprechend **Restaurant de la Petite Gilberte**.

Bevor wir uns nun auf unsere Wanderung nach St-Ursanne machen, sollten wir in Courgenay noch den **«Pierre Percée»** aufsuchen. Wir finden diesen zweieinhalb Meter hohen Stein an der Strasse in Richtung Porrentruy. Vermutlich war der Pierre Percée ursprünglich Teil einer vor rund 3000 Jahren errichteten Grabstätte, eines sogenannten **Dolmengrabs**. Das runde Loch im Stein wäre dann ein Seelenloch, das dem Geist des Verstorbenen die Reise ins Jenseits ermöglichen sollte – allerdings hat man hier bis jetzt keine Knochen gefunden.

Mit dem Rätsel des Monolithen von Courgenay im Kopf verlassen wir das Dorf über die Siedlung Le Bordet und gehen leicht ansteigend auf den Wald zu. Hinter **Les Longennes** verlassen wir die Strasse und benutzen dann den Forstweg, der uns lange durch den dunklen Wald der **Montagne d'Alle** führt. Beim Gehöft **Vacherie Mouillard** mit der kleinen alten **Kapelle** – gewidmet der Lieben

---

Schwierigkeitsgrad
Leichte Wanderung, am Schluss etwas steiler Abstieg.

Richtzeit
Wanderzeit 4 Std.

Anfahrt
Courgenay und St-Ursanne liegen an der Bahnlinie Delémont – Porrentruy.

Weitere Informationen
www.courgenay.ch
www.juratourisme.ch
www.closdudoubs.ch

Ein Ort der Ruhe im Tal des Doubs: das Kloster von St-Ursanne.

Frau von Einsiedeln – treten wir aus dem Wald und laufen über Weiden hinab ins stille, ein wenig versteckte **Seleute,** das mit öffentlichen Verkehrsmitteln nicht zu erreichen ist. Bis Januar 2009 war Seleute eine der kleinsten Gemeinden des Jura, dann schloss sich das Dorf der neu entstandenen Gemeinde Clos du Doubs an. In der Auberge mitten in Seleute gibt es italienische Spezialitäten, aber auch **regionale Köstlichkeiten.**

Von Seleute aus wandern wir durch den idyllischen Hohlweg am Hang bei **Oisonfontaine** hinab ins äusserst sehenswerte **St-Ursanne** am Ufer des Doubs. Das **Städtchen** wurde dort gegründet, wo kurz nach 600 der **Eremit Ursicinus** gewirkt haben soll, ein Frend des heiligen Kolumban. Genau über dem Grab des Einsiedlers wurde das **Kloster** errichtet, das nun das Bild von St-Ursanne prägt. Wir haben vom mittelalterlichen Zentrum aus nur noch einen kleinen Aufstieg zum am Hang liegenden Bahnhof vor uns.

Standort Wanderwegweiser

Zum nächsten Zwischenziel

❶ Vacherie Mouillard
❷ Col de la Croix
❸ St-Ursanne

27

Ein Paradies für Forellen und Glögglifrösche

St-Brais – St-Ursanne 15 km, 3¾ Std.

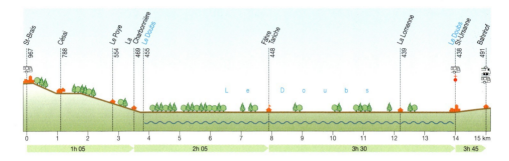

Die Landschaft am **Doubs**, der in Frankreich entspringt und nach einem 40-Kilometer-Schwenk durch die Schweiz wieder dorthin zurückkehrt, ist ein Paradies: Über weite Strecken naturbelassen, bieten der Fluss und sein Ufer **seltenen Tierarten** eine Heimat. Der Anblick des lauschigen Tals erwärmt aber auch das Herz des Wanderers.

Zu unserem Ausgangsort, dem verschlafenen **St-Brais** in den **Freibergen,** fahren nur selten Busse. Besser zu erreichen ist das Dorf mit der Eisenbahn von Glovelier aus; von der Haltestelle Bollement aus brauchen wir dann eine gute halbe Stunde bis nach St-Brais hinauf.

Vom Dorfzentrum **St-Brais** aus folgen wir einen halben Kilometer lang der Strasse in Richtung Montfavergier. Dann biegen wir nach rechts ab und steigen über Weiden und durch Wald, am Weiler **Césai** und der ehemaligen Köhlersiedlung **La Char-**

bonnière vorbei, steil hinab ins Tal des Doubs. Hinter La Charbonnière überqueren wir den Fluss über eine Passerelle.

Woher der Doubs seinen Namen hat, ist unklar: Manche Quellen geben das lateinische **«dubius»** («zweifelhaft») an, andere glauben der Name stamme von der keltischen Göttin **Dubona** («die Dunkle»). Dabei gibt es hier gar nichts zu fürchten: Unten am Fluss erfreut **Stille** unser Herz, die **abwechslungsreiche Uferlandschaft** verengt sich da und dort, öffnet sich dann wieder und bietet uns mal bunt blühende Weiden, mal dichte Mischwälder. Wenn wir sehr aufmerksam sind, können wir im Sommer am Ufer den Paarungsruf der **Geburtshelferkröte** vernehmen: Der an feines Glockenspiel erinnernde Klang hat ihr den Beinamen «Glögglifrösch» verschafft.

Der wildromantische Doubs ist auch die Heimat einer besonderen bedrohten Forellenart: Von anderen Bachforellen unterscheidet sich die nur hier vorkommende **Forelle des Doubs** durch ihr breiteres Farbspektrum, auch sind ihre Punkte eher eckig als oval. Der Angelsportverein von St-Ursanne hat ein spezielles Bruthaus errichtet, um das Überleben des Fisches zu sichern. Dabei zu helfen, ist ein Hochgenuss: Viele Restaurants der Gegend wissen den Fisch

Schwierigkeitsgrad
Leichte Wanderung, zu Beginn etwas steil bergab.

Richtzeit
Wanderzeit 3¾ Std.

Anfahrt
St-Brais ist von Glovelier aus mit dem Bus (dieser fährt sehr selten) oder mit dem Zug (Haltestelle Bollement) zu erreichen.

Weitere Informationen
www.juratourisme.ch
www.st-ursanne.ch

Flussromantik: das abwechslungsreiche Ufer des Doubs.

hervorragend zuzubereiten; die Nachfrage sorgt dafür, dass der Verein weiter Jungfische aussetzen kann. Doubs-Forellen gibt es etwa im Restaurant von **Tariche,** das wir an einer der zahlreichen Doubs-Schlaufen auf der anderen Seite des Flusses sehen. Während der Hauptsaison lässt der Wirt seine Gäste mit einem kleinen **Fährboot** über den Fluss holen.

Wir setzen nach diesem Abstecher wieder über den Doubs und folgen weiter dem Fluss, der bald nordwärts schwenkt. Über La Lomenne gelangen wir an der Autobrücke vorbei nach **St-Ursanne.** Auf der alten Brücke grüssen wir **St-Jean** (Johannes von Nepomuk), den Schutzheiligen aller Brücken, und betreten dann St-Ursanne durch eines seiner **drei Stadttore.** Bevor wir uns an den Aufstieg zum Bahnhof am Hang oberhalb des Doubstals machen, sollten wir noch einen kleinen Rundgang durch das **mittelalterliche Städtchen** machen und die Stille im Kreuzgang des Klosters geniessen.

Standort Wanderwegweiser

Zum nächsten Zwischenziel

1. Césai
2. Tariche
3. Passerelle de la Charbonnière
4. St-Ursanne

Vom Mittelalter ins Mittelalter

St.-Ursanne – Delémont 20,5 km, 6 Std.

Das pittoreske alte Städtchen **St-Ursanne,** seit Januar 2009 Teil der neu geschaffenen Gemeinde Clos du Doubs, liegt tief im engen **Tals des Doubs,** zwischen den Juraketten des Mont Terri im Norden und dem Bergrücken des Clos du Doubs im Süden. Falls wir mit dem Zug dort ankommen, sollten wir vom Bahnhof unbedingt zuerst hinablaufen, um uns im historischen Städtchen ein wenig umzusehen.

Aufgrund der relativen Abgeschiedenheit des Doubstals hat sich St-Ursanne über die Jahrhunderte kaum verändert. Wir erfreuen uns an den **alten Bürgerhäusern** und den **drei Stadttoren** und besichtigen das **alte Benediktinerkloster,** an dem vom 12. bis ins 14. Jahrhundert gebaut wurde. Das Südportal der dazugehörigen **Stiftskirche** zählt zu den bedeutendsten Werken der burgundischen Romanik in der Schweiz.

Unsere Wanderung nach Delémont, dem hübschen Hauptort des Kantons Jura, führt uns zurück zum Bahnhof und dahinter links um die alte **Kalkfabrik.** Auf dem sanft ansteigenden Weg wandern wir durch den Wald bis zum Gehöft **Le Maran** und dann über typische baumbestandene Juraweiden bis nach **La Caquerelle** ein Stückchen unterhalb des **Col des Rangiers.** Der Rangiers-Pass, auf der Achse Delémont – Porrentruy, war Zeuge zahlreicher historischer Ereignisse, die heute im **Museum Mont-Repais** in der alten Kapelle von La Caquerelle heraufbeschworen werden. Hier erfährt man so manches über die Zeit, als im Jura die Kelten siedelten.

Auch lässt sich die Geschichte der **Sentinelle des Rangiers** entdecken. Die von den Einheimischen wegen ihres sehr preussisch wirkenden Aussehens **«Le Fritz»** genannte Soldatenstatue zur Erinnerung an die Schweizer Grenzbesetzung 1914–1918 wurde mehrmals von jugendlichen jurassischen Separatisten beschädigt und schliesslich zerstört. Den sogenannten Béliers galt die Statue als Symbol Deutschschweizer Machtpolitik – die Überreste von «Fritz» befinden sich heute in einem Depot des kantonalen Strassenbauamtes in Glovelier. An der Caquerelle findet sich auch ein Restau-

Schwierigkeitsgrad
Mittelschwere Wanderung, angenehme Wege, aber relativ lange Wanderzeit.

Richtzeit
Wanderzeit 6 Std.

Anfahrt
St-Ursanne ist mit dem Zug von Delémont aus zu erreichen.

Weitere Informationen
www.juratourisme.ch
www.delemont.ch
www.st-ursanne.ch

Ob der Magistrat sich gut erholt hat? Das weisse Château de Domont.

rant, in dem wir uns für den weiteren Weg stärken können. Von La Caquerelle aus gelangen wir weiter über Weiden und Felder zum Weiler **Séprais,** der zur Gemeinde Boécourt gehört. Ganz in der Nähe war bis zum 19. Jahrhundert eine Eisenmine in Betrieb, die als die ergiebigste des Jura galt. Über die **Hofsiedlung Les Lavoirs** wandern wir wieder in den Wald und später am Waldsaum entlang zum altehrwürdigen weissen **Château de Domont.** Das spätgotische Schloss mit seinem Treppenturm diente lange dem Magistrat von Delémont als Landhaus; in lieblicher Landschaft gewann er hier Abstand von den Regierungsgeschäften. Vom Schloss aus sind es nur noch wenige Minuten abwärts bis Delémont.

Als Ende des 19. Jahrhunderts die Industrialisierung **Delémont** erreichte, siedelten sich die Fabriken vor allem südlich des Bahnhofs und in Les Rondez östlich der Stadt an. So blieb der mittelalterliche Grundriss des Zentrums erhalten, viele **schmucke alte Häuser** erfreuen auf dem Weg durch die Altstadt zum Bahnhof unser Auge.

Standort Wanderwegweiser

Zum nächsten Zwischenziel

❶ La Caquerelle/Delémont
❷ Domont/Delémont

Dem Tale fern, den Planeten nah

Weissenstein – Untergrenchenberg 12 km, 4 Std.

Die beliebte Wanderung vom **Weissenstein** nach Untergrenchenberg ist ein ebenso aussichtswie lehrreiches Unterfangen. Wir müssen uns früh auf den Weg machen, denn der letzte Bus von Untergrenchenberg nach Grenchen fährt bereits am Nachmittag – am besten ist es, vorher auf den Fahrplan zu schauen.

An vielen Orten in der Schweiz wurde die gute alte **Sesselbahn** durch moderne Kabinenbahnen ersetzt. Solche Pläne gibt es auch für die Bahn von Oberdorf auf den Weissenstein. Doch ein Verein will erreichen, dass das **naturnahe Abenteuer** der Nachwelt erhalten bleibt. Dafür gäbe es auch **technikhistorische** Gründe: Die Sesselbahn ist das einzige übrig gebliebene Schweizer Exemplar des legendären Von-Roll-Systems.

Die Sesselbahn schaukelt uns direkt zur Sonne: Auf dem Rastplatz nördlich des Kurhauses Weissenstein beginnt mit diesem Zentralgestirn unserer Galaxie der **Planetenweg** in Richtung Untergrenchenberg. Im Massstab 1:40 000 zeigt er die Grössenverhältnisse in unserem Sonnensystem, Informationstafeln klären über die Besonderheiten der einzelnen Planeten auf.

Bevor wir uns auf den Weg durch unsere Galaxie machen, lohnt es sich durchaus, das von der Bürgergemeinde Solothurn betriebene **Museum im Kurhaus** zu besuchen. Die Dauerausstellung – Eintritt frei – erzählt die wechselvolle Geschichte des Solothurner Hausbergs. Auf der Südseite des Kurhauses durchstreifen wir noch schnell den **Botanischen Garten,** der uns 200 im Jura heimische Pflanzenarten vorstellt, dann wandern wir los. Bis kurz nach **Hinter Weissenstein** geht es – recht bald vorbei an **Merkur, Venus, Mars, Jupiter und Saturn** – leicht abwärts. Dann beginnt schon unser immer steiler werdende Aufstieg zur Hasenmatt, dem höchsten Punkt des Kantons Solothurn. Vom Wetter bizarr verformte Bergkiefern säumen unseren Weg. So erreichen wir das Kreuz auf dem unbewaldeten **Gipfel der Hasenmatt.** Der **Rundblick** ist fantastisch: Er reicht von den Alpen bis zum französischen Jura. Unter uns schlauft sich die Aare in Bögen durch das Mittel-

Schwierigkeitsgrad
Anspruchsvollere Wanderung, feste Schuhe und Trittsicherheit sind notwendig.

Richtzeit
Wanderzeit 4 Std.

Anfahrt
Mit der Bahn über Solothurn nach Oberdorf, von dort mit der Sesselbahn auf den Weissenstein. Achtung: Der letzte Bus von Untergrenchenberg nach Grenchen fährt früh.

Weitere Informationen
www.solothurn-tourismus.ch
www.seilbahnweissenstein.ch

Warum ins Weltall fliegen? Saturn schwebt über dem Weg zur Hasenmatt.

land; in der Ferne glitzert der Bielersee. Nur schade, dass sich hier oben keine **Hasen** blicken lassen ihre Spuren sind im Winter hier gut im Schnee zu erkennen.

Mit der Hasenmatt lassen wir auch den Planeten **Neptun** hinter uns. Wir wandern über ausgedehnte, oft windige Weiden und schroffe Felsen entlang über die **Stallfluh**. Vom grossen **Eisenkreuz** aus, ist die Aussicht sogar noch beeindruckender als von der Hasenmatt. Hier begegnen wir auch zum ersten Mal **Pluto,** der seit 2006 nur noch als Zwergplanet gilt. Unser steiniger Weg führt im Zickzack über eine Krete, dann bald zum **Ende des Planetenwegs,** wo wir erneut auf **Pluto** treffen – am sonnenfernsten Punkt seiner Bahn. Von **Obergrenchenberg,** das über der steilen Kante der **Waldfluh** liegt, erreichen wir über Wiesen schliesslich **Untergrenchenberg.** Dort warten wir, vom Restaurant aus die immer noch herrliche Aussicht geniessend, auf den Bus nach Grenchen.

Standort Wanderwegweiser

Zum nächsten Zwischenziel

① Hasenmatt
② Obergrenchenberg
③ Untergrenchenberg

Durch die tiefe Schlucht in lichte Höhen

Welschenrohr – Mieschegg – Welschenrohr 12 km, 4¼ Std.

Als 1666 der Solothurner Stadtschreiber Franz Haffner den Bezirk Thal eine «herrliche Vogtey» nannte, «von drei guter oder wol vier Stund in der Länge, aber kaum einer in der Breite», wurden in den Wäldern des Bezirks noch Bären gejagt und Wölfe erlegt. Zu den markanten Orten dieser Gegend, deren Namen noch heute von jener Zeit zeugen, gehört die **Wolfsschlucht**. In dieser imposanten Schlucht nordöstlich des Dorfes Welschenrohr wurde 1730 der letzte Wolf der Talschaft geschossen.

Im Jahr 2008 hat sich der gesamte Bezirk Thal um den Titel «Naturpark von nationaler Bedeutung» beworben. Zwar gibt es hier längst auch keine Bären mehr, in den bewaldeten Berghängen, die das Thal begrenzen, sind aber vom Aussterben bedrohte Tiere wie **Luchs, Auerhahn und Juraviper** heimisch.

Wir beginnen unsere Höhenwanderung im Dorf **Welschenrohr**, das ganz im Westen des Bezirks Thal unter einer **schroffen Felsfluh** liegt. Von der Post aus gehen wir an der Kirche vorbei und verlassen dahinter das Dorf in Richtung Osten. Zuerst über Weiden und dann durch den Wald **Cholholz** steigt der Weg nur leicht an, bevor er uns, nun als steiler Pfad, hinab in die Wolfsschlucht bringt.

Das schmale Weglein durch die **tiefe Schlucht** führt zwischen bis zu hundert Meter aufragenden Felsen und moosbewachsenen Bäumen über rutschige Wurzeln und Steine in die Höhe. Wir passieren zwei **Höhlen**, die als **Feuerstellen** genutzt werden dürfen, und überqueren mehrmals auf Brücklein den ausgetrockneten **Tannbach**. Auf seinem Weg durch die Felsen hinab ins Dünnerntal hat er in Jahrtausenden die Schlucht gegraben. Haben wir die sagenhafte Wolfsschlucht durchwandert – wir brauchen dafür zirka eine Stunde – wenden wir uns nach rechts und steigen im Zickzack weiter hoch zur Verzweigung **Tufftbrunnen**. Dann geht es aus dem Wald heraus in einem Bogen zum Restaurant **Vorder Brandberg** mit angeschlossener **Emu- und Gallowayzucht**. Der australische Laufvogel und das edle schottische Rind finden sich auch auf der Speisekarte.

Über satte Weiden mit nur weni-

Schwierigkeitsgrad
Mittelschwere Wanderung, in der Wolfsschlucht zum Teil rutschig.

Richtzeit
Wanderzeit 4¼ Std.

Anfahrt
Nach Welschenrohr kommt man mit dem Postauto von Balsthal (zu erreichen mit dem Zug von Oensingen).

Weitere Informationen
www.welschenrohr.ch
www.naturparkthal.ch

gen Bäumen wandern wir weiter hinauf zum Bergrestaurant an der **Oberen Tannmatt.** Von hier bietet sich eine wunderschöne Aussicht auf den Bezirk Thal und auf die sanften grünen Höhenzüge um uns herum. Über den Hügel und am Kreuz auf der **Tannmattegg** vorbei gelangen wir zur Alpwirtschaft **Mieschegg.** Bevor wir uns auf den Weg zurück nach Welschenrohr machen, werfen wir noch einen Blick auf die **Miescheggkapelle.** Genau dort, wo der vergrösserte Neubau aus dem Jahr 1942 steht, hatte um 1640 der damalige Besitzer der Mieschegg bereits eine erste Kapelle errichtet – aus Dankbarkeit, weil seine Familie von der Pest verschont blieb.

Ein Päuschen in der Höhle: Feuerstelle in der Wolfsschlucht.

Nun führt uns der schöne, fast ebene **Gratweg,** der immer wieder **herrliche Aussichten** auf das Umland offeriert, wieder südwärts. Kurz vor dem **Hof Büx** verlassen wir die Fahrstrasse und wandern am Waldrand vorbei und dann leicht aufwärts über Wiesen zum Bergrestaurant **Hinter Brandberg,** von dessen Terrasse man einen schönen Blick auf Welschenrohr im sanft geschwungenen Talboden hat. Sehr steil durch den Wald geht es von hier durch das Fuchsrevier an der Flanke des **Rinderbergs** nun zur **Ergeleralp** hinab und dann wieder über prächtige Weiden zurück nach Welschenrohr.

Standort Wanderwegweiser

Zum nächsten Zwischenziel

1. Vorderer Brandberg
2. Obere Tannmatt
3. Hinter Brandberg
4. Welschenrohr

31

Über die erste Jurakette zur spektakulärsten Aussicht auf den Oberaargau
Balsthal – Oberbalmberg 16 km, 5¾ Std.

Wer von Oensingen nach **Balsthal,** der Hauptstadt des Bezirks Thal in der Mitte des Kantons Solothurn fährt, ist erstaunt über die Weite des Tals, das sich hinter der engen Klus öffnet. Balsthal ist bekannt für seinen **reizvollen Dorfkern** und seine schöne Lage am Fuss der ersten Jurakette. Bevor wir in die Höhe steigen, empfiehlt sich ein kleiner Rundgang durch das Dorf.

Anschliessend laufen wir zur **Inneren Klus,** wo der Augstbach in die Dünnern fliesst. Über dem Einschnitt der Jurakette thront das im 11. Jahrhundert auf Geheiss des Bischofs von Basel errichtete **Schloss Alt-Falkenstein.** Anfang des 15. Jahrhunderts musste der verarmte Landadel das Schloss an den Kanton Solothurn verkaufen. Heute befindet sich im Schloss ein interessantes **Heimatmuseum.**

An der Klus zu Füssen des Schlosses überqueren wir die Bahnlinie und die Dünnern, dann gehts steil durch den Wald in Schlangenlinien den Höhenzug der **Läberen** hinauf zum Gasthaus an der **Schwengimatt,** dass seinen Strom mit dem **Windkraftturm** auf der Matte gewinnt. Am Durchblick auf der Schwängimatt eröffnet sich ein faszinierender Blick über den Faltenjura und das Mittelland.

Der Weg führt uns in den Wald und unterhalb des Rosschopfs auf den Gratweg zum **Hällchöpfli.** Um zum Gipfel zu kommen, müssen wir einen kleinen Abstecher machen: Die Aussicht gilt als spektakulärster Blick auf den Oberaargau. Unser Auge schweift über das Mittelland und die nördlichen Juraketten. An klaren Tagen – oder wenn ein fantastisches Nebelmeer unter uns liegt – zeigt sich hier im Süden der beeindruckende Alpenbogen.

Wir verlassen den Gratweg und laufen steil hinab zur Weide der **Hinteregg** unterhalb des Schattebergs. Wir überqueren die sanft abfallende Mulde. Rechts vor uns sehen wir das markante **Rüttelhorn.** Wenn wir genau hinschauen, können wir vielleicht den einen oder anderen **Sportkletterer** erspähen, der durch den Kalkfelsen steigt. Wir ziehen links am Rüttelhorn vorbei und kommen bald zu den Bergrestaurants an der **Vorderen** und an der **Hinteren Schmidematt** am Ausgang des

Schwierigkeitsgrad
Mittelschwere Wanderung. Angenehme Wege, aber recht lange Wanderzeit.

Richtzeit
Wanderzeit 5¾ Std.

Anfahrt
Balsthal ist gut mit dem Zug zu erreichen (umsteigen in Oensingen).

Weitere Informationen
www.balsthal.ch
www.museum-alt-falkenstein.ch
www.balmberg.ch
www.seilpark-balmberg.ch

600 Jahre alt, aber gut erhalten: Schloss Alt Falkenstein.

Hochtals. Ob wir uns hier oder dort stärken, es folgt der steile bewaldete Aufstieg auf dem Gratweg zum **Gipfel des Chamben.** Am Rand des Pfads geben Informationstafeln des **Geologischen Wanderwegs über den Weissenstein** Auskunft über die Naturkräfte, die einst das Aussehen des Umlands prägten.

Vom Chambengipfel oberhalb der steilen Felskante ist die **Aussicht wunderbar,** sie reicht an schönen Tagen vom Bielersee bis zum Chasseral. Hinter dem Gipfel verlassen wir bald den Gratweg und gehen kaum merklich abwärts zum idyllisch gelegenen **Bergrestaurant Stierenberg** und von dort über Weiden hinab und durch den lichten Wald. Kaum haben wir die Bäume hinter uns gelassen, eröffnet sich uns schon der nächste **prächtige Anblick:** Im Südwesten erhebt sich die Röti, weit unter uns liegt der Oberaargau. Nun steigen wir ab zum **Oberbalmberg,** der im Winter wie im Sommer ein beliebtes Freizeit- und Sportgebiet ist. Im Restaurant des Kurhauses können wir auf den Bus warten, der uns nach Solothurn bringt.

Standort Wanderwegweiser

Zum nächsten Zwischenziel

❶ Schwengimatt
❷ Schmidematt
❸ Balmberg
❹ Balmberg/Chamben

Auf alten Pfaden hinauf zum Passwang

Balsthal – Passwang 10 km, 3¾ Std.

Wer heutzutage von **Balsthal,** dem schönen Hauptort des solothurnischen Bezirks Thal, nach Beinwil im ebenfalls solothurnischen Bezirk Thierstein gelangen will, fährt trotz Autobahn immer noch am schnellsten über den **Passwang.** Die Existenz der Passstrasse ist schon im Jahr 1252 bezeugt, ihre heutige Bedeutung erhielt sie aber erst im 18. Jahrhundert, als der Kanton Solothurn die Strasse ausbaute, um die seiner Meinung nach überhöhten Basler Salzzölle zu umgehen. Zum Ausbau der Strasse trug auch der Wunsch des katholischen Solothurn bei, eine bessere Verbindung zum Fürstbischof von Basel zu bekommen.

Wir machen uns hingegen zu Fuss auf den aussichtreichen Weg den Passwang hinauf. Vom Bahnhof Balsthal aus überqueren wir die Hauptstrasse und spazieren dann durch ein Einfamilienhausviertel zum Nordwestrand des beschaulichen Städtchens. Auf dem Fahrweg schneiden wir den bewaldeten Hügel in halber Höhe und steigen anschliesssend über die **Hönger Chüeweid,** später zumeist durch Wald, den **Sunnenberg** hinauf. Am Waldrand haben wir immer wieder einen schönen Blick auf die sanfte Landschaft rund um Balsthal. Wie grün hier alles ist! Wir schlagen einen Bogen um den Gipfel des Sunnenbergs herum und gelangen dann in einer grossen Kehre über die lichte Hochfläche zum **Hof von Bremgarten.** Hinter dem Hof steigen wir durch eine schmale Gasse hinab in eine Senke. Von dort gelangen wir nach einem kleinen Stück den Hang hinauf zum Kreuz an der **Chrüzlimatt** und nach einer erneuten Kehre zu den sonnigen, blumenübersäten Wiesen auf dem **Schinboden.** Hinter den herrlichen Matten des Schinbodens geht es dann steil hinunter durch den Wald in die Mulde nach **Ramiswil,** das wir aber leicht links an der Strasse liegen lassen.

Der auf der anderen Seite der Strasse wieder ansteigende Weg führt uns vorbei an dreizehn Kreuzen, auf denen die letzten Lebensstationen Jesu geschildert sind. Die 14. Station dieses 1934 angelegten **Kreuzwegs** ist die der Muttergottes gewidmete **Lourdesgrotte** im Tümmel-

Schwierigkeitsgrad
Mittelschwere Wanderung.

Richtzeit
Wanderzeit 3¾ Std.

Anfahrt
Balsthal ist gut mit dem Zug zu erreichen (umsteigen in Oensingen).

Weitere Informationen
www.balsthal.ch
www.alpenblick.ch
www.baselland-tourismus.ch

graben, einem Waldstückchen kurz vor Hagli. Grotten wie diese sind überall in traditionell katholischen Gebieten zu finden – sie sind der Grotte im französischen Wallfahrtsorts Lourdes nachempfunden, in der 1858 die Muttergottes erschienen sein soll. Nicht nur am Sonntag sind an der Lourdesgrotte von Ramiswil viele Menschen aus dem Umland anzutreffen, die hoffen, hier etwas Kraft zu schöpfen.

Über **saftige Wiesen** führt der Weg uns nun steil aufwärts zum **Restaurant Alpenblick,** das seinen Namen mit vollem Recht trägt: Das einladende **Panorama** auf der Terrasse reicht vom Rheintal über die **Juraketten** und von den Berner bis zu den Glarner **Alpen** – der perfekte Ort um sich vom anstrengenden Aufstieg zu erholen.

Vom Restaurant Alpenblick aus geht es für uns jetzt nur noch wenige, dafür umso steilere Meter bergauf. Dann führt uns ein Pfad nach links abwärts zur **Bushaltestelle Passwang** auf der Passhöhe. Von dort fahren Busse nach Balsthal und Beinwil (mit Anschluss nach Laufen).

Besinnung am Wegesrand: die Lourdesgrotte von Ramiswil.

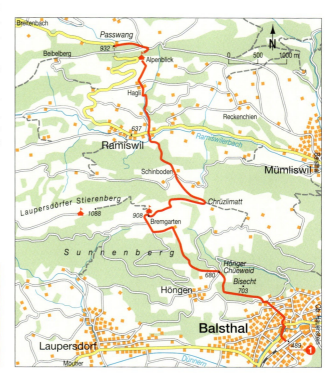

Standort Wanderwegweiser

Zum nächsten Zwischenziel

 Passwang

Auf der ViaRomana durchs Augstbachtal

Balsthal – Römerstrasse – Langenbruck 8 km, 2¼ Std.

Nicht jeder altertümlich gepflasterte Pfad mit tief eingegrabenen Karrenspuren, der sich «Römerstrasse» nennt, ist auch wirklich schon zur Zeit der alten Römer benutzt worden. Oft handelt es sich bei den fälschlich so Geehrten einfach um Karrwege aus dem Mittelalter. Bei der Wanderung über ein Stück der **ViaRomana** von **Balsthal** nach **Langenbruck** dürfen wir uns allerdings sicher sein, dass auf ungefähr demselben Weg eine der zwei **römischen Hauptverkehrsachsen** durch das helvetische Mittelland verlief.

ViaStoria, das der Universität Bern angegliederte Zentrum für Verkehrsgeschichte, erforscht seit über zwanzig Jahren solche historischen Verkehrswege durch die Schweiz und sorgt mit dem Programm **Kulturwege Schweiz** dafür, dass die Forschungsergebnisse nicht der Wissenschaft vorbehalten bleiben: In Zusammenarbeit mit ViaStoria hat Coop die **dreibändige Reihe «Auf historischen Wanderrouten durch die Schweiz»** veröffentlicht, in denen insgesamt zwölf bekannte alte Verkehrswege ausführlich beschrieben werden – etwa der Schweizer Teil des Jakobswegs zum Grab des Apostels Jakobus im spanischen Santiago de Compostela –, aber auch weniger bekannte wie etwa die Via-Francigena. Eine genaue Beschreibung der ViaRomana auf ganzer Länge von Genf nach Kaiseraugst findet sich übrigens in Band 2 der Reihe.

Wir laufen von **Balsthal** aus in östlicher Richtung unterhalb der Kalkfelsen durch das liebliche **Augstbachtal.** Oberhalb des Weilers St. Wolfgang können wir im Bergrücken oberhalb der Klusstrasse nach Mümliswil die eindrücklichen Reste der **Burg Neu-Falkenstein** erblicken. 1798 wurde sie niedergebrannt, wie so viele prächtige Burgen während der Helvetischen Revolution.

Den Waldrand entlang wandern wir auf dem groben Pflaster der **alten Römerstrasse** zuerst sanft aufwärts. Hinter dem Hof Berg wird der Weg durch das schöne Tal dann etwas steiler, und wir laufen über die satten Wiesen nach **Holderbank** – das schon im 1. Jahrhundert ein römisches Passdorf war. Ganz in der Nähe von Holderbank gab es eine heidnische Opferstätte, an der die Helvetier christliche Römer gewaltsam dazu brachten, ihren Göttern zu huldigen. Wir werfen einen Blick auf die Ruinen der beiden **Burgen von Alt Bechburg** abseits unseres Weges auf dem Hügel südöstlich von Holderbank, dann wandern wir weiter dem Talhang entlang nordwärts. Beim **Lochhus** mün-

Schwierigkeitsgrad
Leichte Wanderung auf angenehmen Wegen.

Richtzeit
Wanderzeit 2¼ Std.

Anfahrt
Balsthal ist gut mit dem Zug zu erreichen (umsteigen in Oensingen).

Weitere Informationen
www.balsthal.ch
www.viaromana.ch
www.viastoria.ch
www.langenbruck.ch

Verblichene Macht: die noch immer stolzen Reste der Burg Neu-Falkenstein oberhalb der Klusstrasse.

det die **alte Römerstrasse** in die moderne Hauensteinstrasse, die entlang wir nun ins hübsche **Langenbruck** laufen, das **höchstgelegene Dorf** des Kantons Baselland.

Die Geschichte Langenbrucks ist eng mit dem **Hauensteinpass** verknüpft – die Passhöhe liegt nur ein kleines Stück oberhalb des Dorfkerns. Im 1. Jahrhundert unserer Zeitrechnung bauten die Römer den seit Urzeiten existierenden Fusspfad zur festen Verbindung zwischen zwischen Aventicum (heute Avenches) und Augusta Raurica (bei Augst) aus. Auf den damals sehr sumpfigen Weg über den Pass legten sie eine Art Strasse aus Brettern, diese «**lange Brücke**» gab der Gemeinde später den Namen.

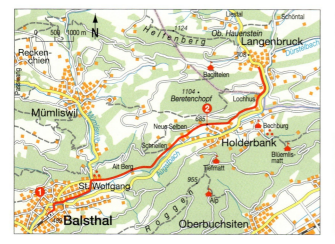

Standort Wanderwegweiser

Zum nächsten Zwischenziel

❶ Holderbank
❷ Langenbruck

34

Durch Wald und Weiden hoch zum Rundumblick

Lupsingen – Passwang 17 km, 5½ Std.

Die Jurakette trennt das Schwarzbubenland vom übrigen Gebiet des Kantons Solothurn. Die einzige direkte Verbindung dazwischen ist der Passweg über den **Passwang.** Deswegen ist man wohl auch geneigt zu glauben, der Name Passwang bedeute «Pass an der Wand». Heute weiss man allerdings, dass er ursprünglich eine «Rodung auf der Anhöhe» bezeichnete.
Unsere äusserst abwechslungsreiche Wanderung auf den Passwang beginnt in **Lupsingen.** Vom Dorfzentrum aus gehen wir am Schützenhaus vorbei über Felder und durch den Wald den **Chleckenberg** hinauf. Von dort geht es mal durch Wald, mal am Waldrand den Hang des Holzenbergs entlang. Vom **Kahlschlag am Holzenberg** aus sieht man schön das Dorf Ziefen und das bis vor kurzem noch bewohnte **Schloss Wildenstein** bei Bubendorf, die einzige erhaltene Höhenburg des Baselbiets. Vom Holzenberg aus geht es dann unterhalb des Balsbergs teilweise durch Wald, teilweise durch landwirtschaftlich genutztes Gebiet mit vielen Kirschbäumen zur **Bushaltestelle Eichhöhe.**
Hier wandern wir den Gegenhang hinauf nach **Ramstein,** bis zum Felsen, auf dem die gleichnamige Ruine steht: Im 12. Jahrhundert erbaut, wurde die **Burg Ramstein** bereits 1303 von Basler Truppen zerstört. Das Verweilen lohnt sich: Mauer- und Treppenreste und ein zerfallener **Brunnenschacht** erlauben das Träumen von alten Zeiten.
Wir gehen weiter durch den Buchenwald über die Flanken der Aleten und des Stierenbergs zum herrlich gelegenen **Bergrestaurant Stierenberg.**
Vom Restaurant aus brauchen wir zirka eine halbe Stunde Fussweg vorbei an einer Weide und anschliessend über eine Einsattelung, um zur **Ulmethöchi** zu kommen. Dort wird im Spätsommer und im Herbst eine **Vogelbeobachtungsstation** betrieben; wenn wir Glück haben, können wir zusehen, wie die Vögel beringt werden.
Über Juraweiden geht es nun dem Geitenberg entlang auf den Schuttberg zu. Vom **Grauboden** aus, einer sonnigen Matte, liegt links unter uns der Hof Bürten, ein typisches Hochjurahaus. Hinter der Weide geht es durch den Wald hinauf zu einer Felsscharte, der sogenannten **Jägerlücke.**

Schwierigkeitsgrad
Mittelschwere Wanderung.

Richtzeit
Wanderzeit 5½ Std.

Anfahrt
Lupsingen ist mit dem Postauto von Liestal aus erreichbar.

Weitere Informationen
www.liestal.ch
www.baselland-tourismus.ch
www.jura-hoehenwege.ch

Beim Chatzensteg an der Jägerlücke ist der steile Weg aufwärts ein kurzes Stück in den Fels gehauen, aber mit Ketten an den Felswänden gut gesichert. Schnell sind wir von hier aus am **Restaurant Vogelberg,** wo wir bei einem erfrischenden Getränk die **herrliche Aussicht** ins Bogental geniessen können. In einer spitzen Kehre laufen wir den Grat hoch zum höchsten Punkt unserer Wanderung, dem **Gipfel des Passwang.**

Noch ist es gemächlich: der lauschige Hangwald am Holzenberg.

Die Anstrengung hat sich gelohnt: Von hier hat man einen **atemberaubenden Rundblick.** Gegen Süden ist das Mittelland mit den Berner Alpen zu sehen: Mönch, Jungfrau und Finsteraarhorn dominieren die **prachtvolle Kulisse** und etwas weiter links ragt der Titlis hervor. Nach Norden erblickt man rechts den Schwarzwald und zur Linken die Vogesen.

Haben wir genug gesehen, laufen wir eine halbe Stunde lang die Passstrasse abwärts zur **Bushaltestelle Passwang** auf der Passhöhe. Von dort fahren Postautos nach Laufen (umsteigen in Beinwil), Balsthal und Oensingen.

Standort Wanderwegweiser

Zum nächsten Zwischenziel

① Ramstein
② Passwang

Eine Zeitreise über 200 Millionen Jahre

Wiler (Bärschwil) – Rechtenberg – Bärschwil 12,5 km, 4 Std.

In der Jurafalte bei Bärschwil, dem sogenannten **Vorbourg-Gewölbe**, erkennt der Geologie-Experte eine breite Palette verschiedenster Gesteinsarten der Trias- und Jurazeit. Doch Laien werden auf unserer **Rundwanderung um den Talkessel** nicht alleine gelassen: Die Informationstafeln des **Geologischen Wanderwegs Bärschwil** erklären, was hier in den letzten **200 Millionen Jahren geschah**; unsere Zeitreise führt durch Wüsten, Korallenmeere, Urwälder und Eiszeiten.

Unsere Wanderung beginnt an der Bushaltestelle **Hölzlirank** nördlich von Bärschwil. Nach einem kleinen Stück das Strässchen hinauf, biegen wir nach links auf den Weg ab, der uns bald in den Wald führt. Durch das dunkle Tal mit dem schönen Namen **Regennass** geht es aufwärts zur **Jagdhütte Bärschwil**. Wir werfen einen Blick in Richtung Nordwesten auf die Kalkfelsen der Roti Flue und laufen in einer grossen Kehre südwärts hoch zum **Gehöft Wasserberg**, wo man erfrischende Getränke kaufen kann. Hier – wie überall auf unserem Weg – lohnt es sich, die Augen immer wieder auf den Boden zu richten: Ständig finden wir zwischen den Bergkräutern am Wegesrand versteinerte Muscheln und Turmschnecken, ja sogar **Korallen und Seelilienstängel** aus der Zeit, als hier alles von einem Meer bedeckt war.

Hinter Wasserberg verlassen wir den geologischen Lehrpfad für eine Weile und steigen auf den **Rücken des Rechtenbergs**, den die Einheimischen auch **Misteli** nennen. Zwar liegt der Gipfel des Rechtenbergs im Wald, doch eröffnen sich auf dem manchmal sehr nah am Abgrund verlaufenden Weg immer wieder wunderschöne Aussichten auf das Schwarzbubenland. Oberhalb des **Gehöfts Vögeli** führt unser Weg zum Hof **Oberfringeli**, wo wir zwischen Kühen und Schafen wieder auf den Geologischen Wanderweg treffen. Über die **Gipsmatt**, deren Name auf die Tatsache verweist, dass hier in der Nähe früher Gips abgebaut wurde, erreichen wir **Bärschwil**.

Schwierigkeitsgrad
Mittelschwere Wanderung. Ein Teilstück des Weges verläuft auf dem Geologischen Wanderweg Bärschwil. Festes Schuhwerk empfohlen

Richtzeit
Wanderzeit 4 Std.

Anfahrt
Bärschwil erreicht man mit dem Postauto von Laufen aus (an der Bahnstrecke Basel – Delémont).

Weitere Informationen
www.bärschwil.ch
www.schwarzbubenland.com
www.oberfringeli.ch

Wo bleibt Indiana Jones? Die alte Gipsbahn von Bärschwil.

Das Dorf Bärschwil ist heute fast eine reine Wohngemeinde, und es ist nicht mehr leicht zu erkennen, dass sich hier früher ein kleines industrielles Zentrum befand.

Bereits im 17. Jahrhundert gab es in Bärschwil eine Eisenschmelze, in der das in der Umgebung gewonnene Bohnerz verarbeitet wurde. Daneben entwickelte sich auch eine Glashütte, die ihren Betrieb allerdings 1856 einstellte. Im späten 19. Jahrhundert wurden dann noch eine Gipsfabrik sowie ein Zementwerk gegründet.

Wir durchqueren Bärschwil und verlassen das Dorf auf der Teerstrasse durch den engen Talausgang. Falls wir unser Auto am Hölzlirank gelassen haben, gehen wir hier die Strasse hinunter bis zur Mühle, dann links und ein Stück die Hauptstrasse entlang. Falls nicht, gehen wir zum **Bahnhof Bärschwil,** zum Teil auf dem Trassee der **ehemaligen Rollbahn,** auf der bis in die Fünfzigerjahre in halsbrecherischer Fahrt – Entgleisungen waren an der Tagesordnung – Bruchsteine, Kies und vor allem Gips von den Gruben im Gupf und am Kirchacker zur Gipsfabrik transportiert wurden. Am Bahnhof, der direkt an der Birs liegt, warten wir auf das Postauto nach Laufen.

Standort Wanderwegweiser

Zum nächsten Zwischenziel

1. Geologische Wanderung Bärschwil
2. Fringeli
3. Rechtenberg
4. Ober Fringeli
5. Bärschwil Dorf/ Bärschwil Bahnhof

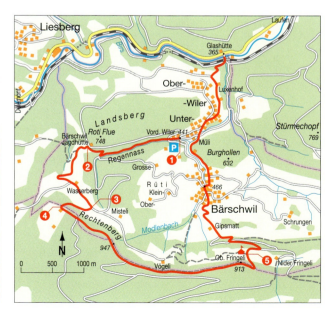

Ruinen, Türme und unbezwingbare Schlösser

Aesch – Blauen – Laufen (ViaJura) 16,5 km, 4½ Std.

Alle Wege führen nach Rom – viele davon durch die Schweiz. Schon vor Urzeiten war die Gegend der heutigen Schweiz ein wichtiges Transitgebiet. Um den Blauen im Jura etwa siedelten lange vor Christi Geburt **Kelten**, die Handelsbeziehungen bis nach Griechenland unterhielten. Später bauten die **Römer** die Pfade zu festen Strassen aus, etwa zur **ViaJura** auf der wir nach Laufen wandern.

Das Zentrum für Verkehrsgeschichte **ViaStoria** hat sich die Erforschung alter Transitwege durch die Schweiz zur Aufgabe gemacht und veröffentlicht zusammen mit Coop die Buchreihe **«Auf historischen Wanderrouten durch die Schweiz»**. In den drei Bänden ist alles über zwölf alte Verkehrswege zu erfahren – von der ViaGottardo bis zur ViaJura, die in Band 3 zu finden ist. Die ausführlichen Texte klären über landschaftliche Besonderheiten auf, zitieren Sagen und geschichtliche Anekdoten. Unerlässlich für den Wanderer sind die einfach zu erfassenden Streckenprofile. Auch die öffentlichen Verkehrsmittel sind dort verzeichnet – so lassen sich längere Abschnitte der gut ausgeschilderten ViaStoria-Routen ganz einfach nach den persönlichen Bedürfnissen unterteilen.

Unsere Wanderung über einen Teil der ViaJura beginnt in Aesch im Kanton Baselland. Vom Bahnhof gehen wir in Richtung Süden und werfen vom Weg nach **Pfeffingen** aus – die beiden Gemeinden sind zusammengewachsen – einen Blick auf das 1606 erbaute weisse **Schloss Aesch**. Den Ort Pfeffingen haben wir schnell durchquert, dann führt uns der Weg hinauf zur **Burgruine Pfeffingen**. Obwohl die Burg 1761 auf Abbruch versteigert wurde, bleib vieles erhalten: Reste der Toranlagen, der **imposante Wohnturm**, die Schildmauer.

Hinter der Ruine fällt der Weg im Wald zuerst wieder etwas ab. Auf der Lichtung biegen wir wieder nach Süden, wo uns der Weg – erst den Waldrand entlang, dann im Wald aufwärts – zum **Glögglifels** bringt. Der Fels markiert die Kantonsgrenze zwischen Bern und Basel, wahrscheinlich verlief genau hier auch die **römische Strasse** von **Augusta Raurica** nach **Aventicum** – ganz sicher ist das nicht.

Schwierigkeitsgrad
Mittelschwere Wanderung.

Richtzeit
Wanderzeit 4½ Std.

Anfahrt
Aesch ist von Basel aus mit der S-Bahn oder dem Tram Nr. 11 zu erreichen.

Weitere Informationen
www.aesch-bl.ch
www.blauen.ch
www.laufen-bl.ch
www.viastoria.ch
www.viajura.ch

Wir folgen dem Spruch auf dem Felsblock – **«Gang ewäg oder i ghei dir dr Glögglifels uf ä Ranze»** – und ziehen weiter um bald das Dorf **Nenzlingen** zu durchqueren. Hinter Nenzlingen steigt der Weg vorbei am **Gasthaus Blauen Reben** sanft ab. Unterhalb der Bergkette des **Blauen,** die ihren Namen wohl von den bläulich schimmernden Föhren- und Tannenwäldern hat, führt uns die Wanderung ins Dorf, das ebenfalls **Blauen** heisst.

Die herrlich am sonnigen Südhang der gleichnamigen Kette gelegene Gemeinde wurde 1147 erstmals urkundlich erwähnt, schönste Sehenswürdigkeit des Dorfes ist die 1745 errichtete **Pfarrkirche St. Martin.**

Hinter Blauen wandern wir nun über die grünen Felder hinab zur **Birs,** wobei der Weg immer steiler wird. Unten, auf der anderen Seite des Flusses, liegt dann schon Zwingen mit seiner **Wasserburg.** Als im 13. Jahrhundert der Kern der Anlage fertiggestellt war, dürfte das halbrunde Gemäuer mit dem **Hexenturm** – errichtet auf den Felsbänken

Schloss Aesch: Der weisse Bau beherbergt heute Teile der Gemeindeverwaltung.

zweier Birsinseln – lange Zeit so gut wie uneinnehmbar gewesen sein. Während der Religionskriege im 16. Jahrhundert sollen 12 Pfeffinger von der Wehrplatte des Schlosses 500 Basler in Schach gehalten haben – der kleine Umweg zum Schloss lohnt sich. Danach gehen wir wieder ein Stück zurück und laufen durchs Dorf zum **Bahnhof Zwingen,** dann über das Bahn-

trassee und die Lüssel. Den Feldern entlang spazieren wir gemütlich zur Badeanstalt von **Laufen** und über die Birs ins **mittelalterliche Zentrum** des Städtchens. Bevor wir zum Bahnhof gehen, sehen wir uns zwischen den drei **Stadttoren** um: Zu bewundern sind beispielsweise die grosse Uhr am **Obertor** und das **barocke Stadthaus** aus dem 17. Jahrhundert.

Standort Wanderwegweiser

Zum nächsten Zwischenziel

① Ruine Pfeffingen
② Nenzlingen
③ Blauen Dorf
④ Zwingen Station
⑤ Laufen

Von Anthroposophen, Burgherren und Nothelfern

Dornach – Liestal 16,5 km, 4¾ Std.

Schon wenn wir den **Bahnhof Dornach-Arlesheim** verlassen und durch das Dorf laufen, fällt uns die **seltsame Architektur** mancher Häuser auf. Es scheint, als sollten an den Ecken, den Türöffnungen, den Fenstern um jeden Preis rechte Winkel vermieden werden. Diese Häuser entstanden in den Zwanzigerjahren, als sich hier viele Anhänger der von Rudolf Steiner (1861–1925) begründeten spirituellen Weltanschauung der **Anthroposophie** niederliessen. Sie siedelten sich rund um das 1928 nach Plänen Steiners errichtete **Goetheanum** an. Der imposante Sichtbetonbau ist ebenfalls nach anthroposophischen Grundsätzen erstellt. Es lohnt sich, unsere Wanderung für einen Gang um das Gebäude zu unterbrechen, den kraftvoll geschwungenen Koloss von allen Seiten zu betrachten und auch einen Blick auf das ebenfalls von Steiner entworfene **Heizhaus** zu werfen, das aus einem Märchen zu stammen scheint.

Unser Weg biegt 500 Meter hinter dem Goetheanum auf eine Strasse ab, der wir bis zur einer grossen Kehre folgen, an der die **Ruine Dorneck** steht. Schloss Dorneck wurde im 11. Jahrhundert von den Herren von Pfeffingen gebaut und gelangte um 1200 an das Haus Thierstein. 1360 wurden die Burg, das halbe Dorf Dornach und das Dorf Gempen an Herzog Rudolf IV. von Habsburg verkauft. 1485 erstand dann die Stadt Solothurn Schloss Dorneck. Beim Einfall der Franzosen 1798 wurde die Burg zerstört und im 19. Jahrhundert als Steinbruch benutzt. Von der Ruine aus hat man einen schönen Blick auf Dornach und über das Birseck.

Im Wald vor dem **Hof Baumgarten** verlassen wir die Strasse und gehen den hie und da stark ansteigenden Weg in der Flanke des **Dichelbergs** hoch zum **Aussichtsturm** auf der **Schartenflue**. Auf der Terrasse des Restaurants daneben hat man eine gute Sicht auf den Jura, den Sundgau und die Vogesen. Wenn man auf den Turm klettert, zeigen sich gar der Schwarzwald und die Glarner Alpen.

Von der Schartenflue aus gehen wir hinab ins Dorf **Gempen**. Das Plateau, auf dem das Dorf liegt,

Schwierigkeitsgrad
Leichte bis mittelschwere Wanderung.

Richtzeit
Wanderzeit 4¾ Std.

Anfahrt
Dornach ist von Basel schnell mit der S-Bahn (Bahnhof Dornach-Arlesheim) oder mit dem Tram Nummer 10 erreichbar.

Weitere Informationen
www.goetheanum.ch
www.burgenseite.ch
www.gempen.ch
www.liestal.ch

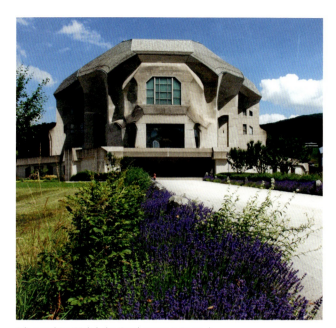

Adieu, rechter Winkel: das Goetheanum in Dornach.

schmucke **St. Pantaleon,** dem unterhalb des Schlimmbergs liegenden Teil der Doppelgemeinde Nuglar-St. Pantaleon. Der Name St. Pantaleon geht auf einen Arzt und Kirchenpatron aus dem 3. Jahrhundert zurück. Der heilige Pantaleon ist einer der vierzehn Nothelfer, deren Verehrung vor allem im 14. Jahrhundert aufkam, zur Zeit der Pest, die auch hier ihre Opfer forderte. Hinter St. Pantaleon überqueren wir bei der **Orismühle** den Orisbach. Parallel zum Bach gehen wir dann weiter durch das Oristal; vom Gewerbegebiet aus ist es nicht mehr weit bis zum **Bahnhof Liestal.**

wurde bereits um 500 vor Christus von Kelten besiedelt. Wir wandern ein Stückchen über das gewellte Hochland, dann führt uns der Weg steil einen Grat im Wald hinunter nach **Büren.** Auf dem Felskopf über dem Dorf wurde im 13. Jahrhundert die **Burg Sternenfels** errichtet, heute sind leider nur noch wenige Mauerreste übrig. Wir lassen Büren hinter uns und wandern über die Wiesen und Weiden oberhalb des Oristals ins

Standort Wanderwegweiser

Zum nächsten Zwischenziel

① Schartenfluh/Gempen Dorf
② Liestal
③ Büren
④ Liestal

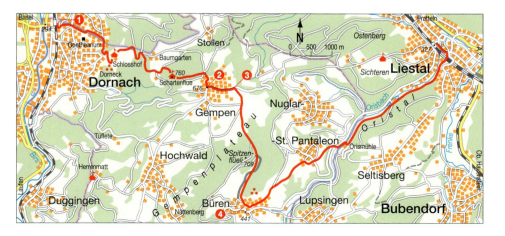

Durch das wunderschöne Land der Kirschen

Liestal – Rheinfelden 14,5 km, 4 Std.

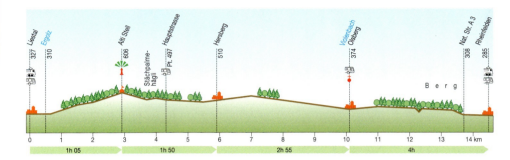

Kirschen gab es in Mitteleuropa schon in prähistorischer Zeit. Doch die feinen Früchte, die wir heute kennen, haben wir **Lucius Lucullus** zu verdanken, der die ersten gezüchteten Kirschen im Jahr 63 vor Christus aus **Kerasus** in der Türkei nach Rom brachte. Dem genussfreudigen Feldherren hätte die Gegend um Liestal sehr gefallen. Nicht nur Wanderer, die gerne mal ein Gläschen trinken, verbinden mit dem Kanton Baselland den weithin gerühmten **Baselbieter Kirsch.** Auch dem Alkohol eher abgeneigte Menschen wissen, dass die liebliche Landschaft um Liestal zur Zeit der **Kirschblüte** im Frühjahr ein traumhaftes weissrosa Kleid erhält, dessen Anblick jedes Herz jubeln lässt.
Unsere kleine Wanderung durch das **«Chriesiland»** beginnt in **Liestal,** dem Hauptort des Kantons Baselland. Vom Bahnhof gehen wir am Nordrand der sehenswerten Altstadt vorbei und überqueren die **Ergolz.** Nach wenigen Metern auf der Erzenbergstrasse biegen wir rechts in den steilen Weg ab hinauf zum Wald. Wir machen einen Bogen um den schroffen Abbruch in den Felsen des **Schleifenbergs** und erreichen auf dem jetzt nur noch leicht ansteigenden Weg schon bald die **Alti Stell** mit dem 1900 an Stelle der alten Holzkonstruktion errichteten **Aussichtsturm,** einem der Wahrzeichen von Liestal. Hier, am höchsten Punkt unserer Wanderung, bekommt man für nur fünfzig Rappen eine **schöne Aussicht** auf die Alpen und den Schwarzwald. Das Restaurant am Turm ist allerdings nur sonn- und feiertags geöffnet.
Auf unserem Weg über den bewaldeten Talrücken und durch das **Stächpalmehägli** hinab lassen wir unseren Blick über das mit **Kirschbäumen** übersäte Tal schweifen, bevor wir über einen mit Stufen versehenen recht steilen Weg hinab ins malerische Dorf **Hersberg** wandern. Hinter Hersberg geht es zuerst über offene, von Kirschbäumen gesäumte Weiden, dann durch ein kurzes Stück Wald und wieder über Wiesen nach Olsberg.
Olsberg, die kleinste Gemeinde im Bezirk Rheinfelden, ist ein **geopolitisches Kuriosum:** Im 14. Jahrhundert wurde das «Dörfli» (heute im Aargau) öster-

Schwierigkeitsgrad
Einfache Wanderung.

Richtzeit
Wanderzeit 4 Std.

Anfahrt
Liestal ist gut mit dem Zug zu erreichen.

Weitere Informationen
www.liestal.ch
www.aussichtsturm-liestal.ch
www.kloster-olsberg.ch
www.rheinfelden.ch

reichisch, das «Ländli» rechts des Violenbachs blieb beim Sisgau und gehört heute zum Kanton Baselland. Etwa einen knappen Kilometer westlich von unserem eigentlichen Weg steht das 1236 errichtete ehemalige **Zisterzienserinnenkloster Olsberg,** das heute ein Schulheim für Kinder mit Lern- und Verhaltensschwierigkeiten beherbergt. Wenn wir einen kleinen Abstecher dorthin machen und an der Pforte nach dem Schlüssel fragen, können wir die **Stiftskirche** des Klosters besichtigen.

Ansonsten spazieren wir direkt weiter über einen sanften Hügel hinab in den dichten Wald. Nach zirka zwei Kilometern erreichen wir den Rand der Bergflanke, hier geht es recht steil hinunter zur Brücke über die Autobahn. Vom imposanten Gebäude der **Brauerei** Feldschlösschen (eine Besichtigung ist nur nach Voranmeldung möglich) ist es nicht mehr weit zur Altstadt von Rheinfelden. In einer der vielen gemütlichen Beizen am Rheinufer findet man mit Sicherheit auch einen **guten Kirsch aus der Region.**

Besichtigung auf Anfrage: das alte Kloster Olsberg.

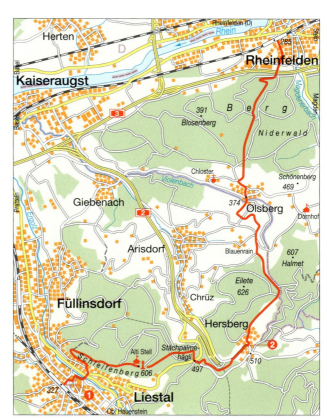

Standort Wanderwegweiser

Zum nächsten Zwischenziel

❶ Hersberg
❷ Rheinfelden

39

Von Aussicht zu Aussicht oberhalb des Ergolztals

Sissach – Farnsburg 11 km, 3¾ Std.

Wer oft mit dem Zug über Olten nach Basel fährt, mag sich schon hie und da gefragt haben, wie es wäre, auf den markanten Felsen zu steigen, der sich hinter dem Dorf **Sissach** erhebt. Und tatsächlich lohnt es sich sehr, auf die **Sissacher Flue** zu steigen, über die uns eine schöne aussichtsreiche Wanderung weiter zur Ruine der Farnsburg führt.

Wir gehen vom Bahnhof Sissach nordwärts durch das hübsche Dorf, überqueren das Flüsschen Ergolz und laufen auf die Sissacher Flue zu, das Wahrzeichen des Dorfes. Der Weg steigt über Wiesen und Felder an und führt uns hinter Flueberg in den Wald. Recht steil erklimmen wir dann in zwei Kehren die Sissacher Flue.

Von der Aussichtsterrasse der Flue sehen wir Bözgen, Sissach, Zunzgen und Itingen vor uns im Ergolztal liegen. Auch die **Fernsicht** ist grandios, sie reicht von den Vogesen über die Jurakette bis hin zu den Berner Alpen. Es ist kein Wunder, dass die Basler die Flue im 18. Jahrhundert als militärische Hochwacht benutzten.

Hinter der Flue gehen wir in den Wald und steigen teilweise über Stufen im Zickzack auf dem Grat abwärts – hier ist Vorsicht angebracht. Über eine Weide gelangen wir dann zur **Rickenbacher Höhi**. Zwischen den Hügeln um uns erstrecken sich sanft gewellte, bunte Felder. Ein kleines Stück Strasse bringt uns zum Feldweg zur **Waldegg**, die von der Heilsarmee als Tagungshaus genutzt wird. Am Wegrand erinnert ein Schild daran, dass sich hier während des Zweiten Weltkriegs ein Polenlager befand.

Von der Waldegg sind wir in wenigen Minuten den Waldrand entlang an der **Passhöhe bei der Buuseregg**. Dort biegen wir nach rechts ab und wandern bald durch den Wald und dann im Nordhang des Farnsbergs hoch zur Lichtung **Oberi Weid**. Von dort steigen wir den Grat entlang hinunter zur **Ruine Farnsburg**.

Es war Graf Otto I. aus dem bedeutenden Nordwestschweizer Hochadelsgeschlecht der Herren von Thierstein, der um 1330 hier eine grosse Burg als neues Verwaltungszentrum errichtete. Die Burg gehörte im Lauf der Jahrhunderte verschiedenen Familien, zwischendurch sogar der

Schwierigkeitsgrad
Leichte bis mittelschwere Wanderung.

Richtzeit
Wanderzeit 3¾ Std.

Anfahrt
Sissach ist leicht mit dem Zug zu erreichen.

Weitere Informationen
www.burgenseite.ch
www.sissach.ch
www.farnsburg.ch

Sonnengewärmte Steine: die Schildmauer der Ruine Farnsburg.

Stadt Basel. Während der Helvetischen Revolution räumte der letzte Landvogt im Januar 1798 die Farnsburg, die bald darauf niedergebrannt und als Steinbruch benutzt wurde. Erste Restaurierungsarbeiten gab es schon in den Zwanzigerjahren des 20. Jahrhunderts. Heute ist dort noch erstaunlich viel zu sehen: Die beeindruckende **Schildmauer** etwa, die grosse Stirnwand der **Kapelle,** die Reste des Saalbaus, des **Palas.** Auch der Ausblick von der Ruine ist wunderbar: An schönen Sommertagen leuchten weit hinten die Alpen. Und im Vordergrund können selbst geologische Laien leicht den Unterschied zwischen den Hochebenen des Tafeljuras und den Gipfeln des Faltenjuras sehen.

Wir schauen noch ein wenig dem flinken Treiben der **Eidechsen** auf den sonnengewärmten Burgmauern zu. Wenn wir hungrig sind, können wir uns an den kurzen Abstieg zum **Landgasthof Farnsburg** machen. Um nach Rheinfelden oder Gelterkinden zu kommen, müssen wir zurück zur Buuseregg, wo regelmässig Busse verkehren.

Standort Wanderwegweiser

Zum nächsten Zwischenziel

❶ Sissacher Fluh
❷ Farnsburg

Ein weiter Blick über das Reich des Sonnengottes

Langenbruck – Belchenflue – Hauenstein 10 km, 3 Std.

Die **Belchenflue,** die etwa sieben Kilometer westlich von Olten liegt, wird von den Einheimischen auch **Bölchen** oder **Schweizer Belchen** genannt. Sie ist damit einer der drei Berge im Dreieck Schweiz – Deutschland – Frankreich, die den Namen Belchen tragen.

Das ist kein Zufall, denn verwandt mit diesem Namen ist der Name des alten keltischen **Sonnengottes Belenus.** Den Kelten war aufgefallen, dass am Tag der **Wintersonnenwende** die Sonne vom westlichen Belchen (französisch: Ballon d'Alsace) aus gesehen genau über der Belchenflue aufgeht. Von der Belchenflue aus betrachtet versinkt an diesem Tag die Sonne genau hinter dem französischen Belchen. Am **Frühlings- und am Herbstanfang** ist das gleiche Naturschauspiel zwischen dem Ballon d'Alsace und dem Schwarzwälder Belchen zu bewundern.

Unser Weg auf die Belchenflue beginnt an der Postautohaltestelle in **Langenbruck,** am Ende des Waldenburgertals. Das Dorf liegt schnell hinter uns, durch Wiesen und Felder geht es nun leicht bergauf bis zur **Bergwirtschaft Dürstel,** wo wir uns vor dem recht steilen Anstieg durch den Wald noch mal stärken können. Hinter dem Wald kommen wir an die Schöntalstrasse, der wir nach rechts folgen. Von der Strasse aus geniessen wir den Blick auf die Berge des Baselbieter Jura, an einem Knick biegen wir dann nach Süden in den Wald.

Hier beginnt der gut gesicherte Weg über einen Sattel und dann aufwärts zum 1098 Meter hohen **Felssporn der Belchenflue.** Die Mühe war es wert: Vor zwei Millionen Jahren, so klärt uns eine Tafel auf, hätten wir von der Belchenflue eine tolle Sichts aufs **Mittelmeer** gehabt. In der Lagunenlandschaft zu unseren Füssen hätten sich dann die ersten **Dinosaurier** getümmelt. Aber auch heute haben wir ein eindrückliches Panorama: Im Norden stehen die **Plateauberge** des Tafeljuras, weit dahinter der Schwarzwald. Im Süden begrenzen nur die mächtigen **Berner Alpen** unseren Horizont.

Wenn wir die Aussicht ausgiebig genossen haben, machen wir uns auf den Abstieg nach **Hauenstein.** Hinter dem Geländesattel treffen wir auf die mit vielen Schildern und Kantonswappen verzierte **Militärstrasse** aus dem Ersten Weltkrieg. Die damals ganz ohne schwere Maschinen gebaute Strasse gehörte zur **Fortifikation Hauenstein,** dem wohl grössten Festungsbauwerk der Grenzbeset-

Schwierigkeitsgrad
Mittelschwere Wanderung.

Richtzeit
Wanderzeit 3 Std.

Anfahrt
Langenbruck erreicht man, indem man mit dem Zug nach Balsthal fährt (umsteigen in Oensingen an der Bahnstrecke Olten – Solothurn). Von dort geht es weiter mit dem Postauto.

Weitere Informationen
www.langenbruck.ch
www.baselland-tourismus.ch
www.jura-hoehenwege.ch

Prächtig: Schon der keltische Gott Belenus hatte Freude an der Belchenflue.

zung in der Nordwestschweiz, und diente zur Versorgung der Festung Belchen.

Unsere Wanderung führt uns nun über die Militärstrasse durch den lichten Buchenwald hinab zum **General-Wille-Haus,** das im Sommer vom Militär genutzt wird. Auf dem Weg zur **Challhöchi** kommen uns immer wieder Mountainbiker entgegen, die sich bei fast jedem Wetter hier hocharbeiten. Ob sie dabei überhaupt etwas von der **lieblichen Landschaft** mitbekommen?

Nachdem uns der Weg mal am Waldrand entlang, dann wieder über Wiesen und Weiden führt, treffen wir kurz vor **Hauenstein** noch auf ein kleines **Denkmal** zur Erinnerung an das Feuer beim Bau des alten **Hauenstein-Bahntunnels.** Bei der Katastrophe im Mai 1857 kamen über sechzig Menschen ums Leben. Wenn wir von Hauenstein nun zurück nach Langenbruck wollen, so müssen wir mit dem Bus nach Olten, von dort mit dem Zug nach Oensingen, dann mit dem Zug nach Balsthal. Von Balsthal fährt ein Postauto nach Langenbruck.

Standort Wanderwegweiser

Zum nächsten Zwischenziel

❶ Belchenflue
❷ Hauenstein

41

«Dort unten, mein Volk, mein Tal»
Trimbach – Schloss Wartenfels – Trimbach 18 km, 5½ Std.

Wo heute **Olten** liegt, war schon seit ewigen Zeiten ein Verkehrsknotenpunkt. In römischer Zeit etwa verlief hier die wichtige Aaretalroute nach Bregenz. Wer diesen Landstrich kontrollierte, hatte Macht. Ausüben liess sie sich am besten von weit oben, wie unsere Wanderung zeigt.
Vom Bahnhof **Trimbach** oberhalb von Olten laufen wir ein Stück neben den Geleisen westwärts. Wir überqueren eine Passerelle und folgen der Froburgstrasse hinauf zu den letzten Häusern des Dorfes. Von hier sind wir in wenigen Minuten schon beim **Stellichopf,** dem ersten Gipfel unserer Wanderung. Am Ende der Forststrasse folgen wir dem Pfad über den Roche d'Or. Vorsicht: Der zum Teil überwucherte Weg verläuft oft am Rande eines steilen Felskragens. Aus dem Wald führt uns der Weg weiter über die Weide. Über dem Weiler **Mahren** queren wir dann die Südflanke des

Dottenbergs und erreichen das **Schloss Wartenfels,** das mächtig und abweisend am Rande einer steilen Klus steht.
Das Schloss wurde wohl zur Zeit von Friedrich II. – der letzte Hohenstaufenkaiser – errichtet, erstmals erwähnt wird es 1250. Das Schloss und der im französischen Stil angelegte **Garten** können sonntags besichtigt werden. An anderen Tagen geniessen wir einfach das tolle **Alpenpanorama,** das sich hier vom Säntis über den Titlis und vom Eiger bis zur Blümlisalp erstreckt.
Über einen **Durchgang im Anbau** erreichen wir die Nordseite des Schlosses und steigen dann in ein enges Tal hinab. Auf unserem Weg zum nördlichsten Punkt unserer Wanderung machen wir einen Abstecher zu einem kleinen bewaldeten Hügel. Funde von Münzen aus dem 3. Jahrhundert legen nahe, dass sich hier einst ein **römischer Wachtposten** befand.

Wieder zurück auf unserem Weg machen wir über Forststrassen und Trampelpfade einen grossen Bogen um den Dottenberg in Richtung Froburg. Rechts lockt ein weiterer Gipfel mit lohnender Aussicht – der schnell zu erreichende **Flueberg.**
Auf unserem Weg abwärts erreichen wir bald das idyllisch gelegene Restaurant Froburg und dahinter die Überreste der **Froburg,** einer der ältesten und grössten

Schwierigkeitsgrad
Mittelschwere Wanderung. Wege nicht immer in gutem Zustand.

Richtzeit
Wanderzeit 5½ Std.

Anfahrt
Trimbach ist mit Bus oder Bahn von Olten aus in wenigen Minuten zu erreichen.

Weitere Informationen
www.oltentourismus.ch
www.lostorf.ch
www.trimbach.ch

Wehranlagen der Schweiz. Bereits im 10. Jahrhundert liessen die Grafen von Frohburg auf dem Sporn die ersten Bauten errichten. Von hier hatten sie einen guten **Überblick über das Tal,** in dem sie wohl auch die Stadt Olten gründeten. Die Frohburger beherrschten bis ins 14. Jahrhundert ein grosses Gebiet zwischen Aare und Rhein in den alten Regionen Aargau, Buchsgau und Sisgau. Um 1367 starb das Geschlecht aus, und die Bewohner der umliegenden Dörfer begannen, sich an den Steinen zu bedienen. Doch keine Angst: Sie liessen genug übrig, dass es Spass macht, von hier stolz auf das Volk im schönen Tal herabzuschauen. Wenn es uns gelingt, uns – und vor allem die Kinder! – loszureissen, sind wir in einer Stunde durch den Wald und über die Wiesen wieder in **Trimbach.** Falls wir ein wenig Zeit übrig haben, sollten wir dabei aber noch einen Abstecher auf die **Geissflue** machen, die uns einen letzten herrlichen Blick über die Berge und sanften grünen Hügel um Olten gewährt.

Besichtigung nur sonntags: Schloss Wartenfels.

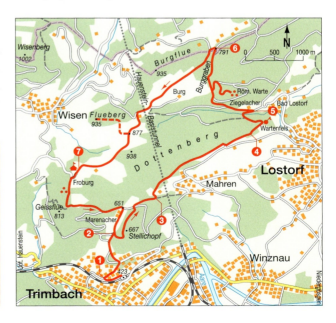

Standort Wanderwegweiser

Zum nächsten Zwischenziel

① Marenacher
② Mahren
③ Schloss Wartenfels
④ Bad Lostorf
⑤ Burggraben 791
⑥ Froburg
⑦ Trimbach

42

Sanfte Hügel und ein Berg im sonnigen oberen Fricktal

Frick – Schinberg – Sennhütten – Effingen 17,5 km, 5 Std.

Das östlich von Basel gelegene **Fricktal** war lange Zeit von Armut geprägt. Im 17. und 18. Jahrhundert herrschten zwischen Rheinfelden und dem Bözberg immer wieder Hungersnöte. Im 19. Jahrhundert war in diesem **schönen Landstrich** die Not so gross, dass die Behörden begannen, aktiv die Auswanderung zu fördern – die Gemeinden waren nicht mehr in der Lage, die Armen zu ernähren.

Besser wurde es erst im 20. Jahrhundert. Die Bewohner des unteren Fricktals fanden in Basel Arbeit, später errichteten Basler Unternehmer Chemiewerke am Rheinufer. Die Menschen aus der Gegend um Frick, dem **oberen Fricktal,** orientierten sich eher nach Baden hin. Das obere Fricktal – **eines der sonnenreichsten Gebiete nördlich der Alpen** – hat in der Zeit der Industrialisierung sein **ländliches Antlitz** weitgehend bewahren können.

Frick ist das industrielle Zentrum des oberen Fricktals. Im Städtchen selbst ist vor allem das **Dinosauriermuseum** sehenswert – wenige Minuten vom Bahnhof entfernt. Zu bestaunen sind etwa vollständige Skelette eines viereinhalb Meter langen **Plateosaurus** (1976 bei Frick geborgen) und eines **Raubdinosauriers,** der 2006 in der Umgebung entdeckt wurde. Allerdings ist das Museum nur am Sonntagnachmittag geöffnet. Um unsere schöne **Wanderung durch das obere Fricktal** zu beginnen, laufen wir vom Bahnhof zur Autobahn A3, die wir über eine **Passerelle** queren. In einer Kehre über die Felder und Kuhweiden wandern wir dann aufwärts, um in die **grüne Flanke des Frickbergs** zu gelangen. In der Flanke laufen wir ein Stück den Waldrand entlang, dann biegen wir nach links ab und laufen in einem Bogen über die **hügeligen Matten** hinab ins

Dorf Ittenthal. Der kleinste Ort des Fricktals schläft still in der Mulde – weil es abseits des Durchgangsverkehrs liegt, ist Ittenthal bis heute von der Landwirtschaft geprägt geblieben. Hinter Ittenthal geht es bald steil aufwärts – zuerst über Felder, dann durch den Wald – auf den **Schinberg** hinauf. Mit seinem schmalen Grat ist der Schinberg eher untypisch für diesen Teil des Juras, der sonst durch die flachen

Schwierigkeitsgrad
Mittelschwere Wanderung.

Richtzeit
Wanderzeit 5 Std.

Anfahrt
Frick ist gut mit dem Zug zu erreichen.

Weitere Informationen
www.frick.ch
www.sauriermuseum-frick.ch
www.effingen.ch
www.aargauer-wanderwege.ch

Hochebenen der Tafelberge charakterisiert ist. Der Gipfel selbst (719 Meter) ist bewaldet, ein sehr **schöner Blick auf das Rheintal** bietet sich aber weiter östlich in der Nähe des Grillplatzes bei **Punkt 692**.

Auf unserem weiteren Weg zwischen Wald und grosser Weide den Schinberg hinab, können wir dann mit etwas Glück **Rehe** sehen. Hier verläuft der **Fricktaler Höhenweg,** auf dem wir nun, zuerst abwärts durch den **Marchwald,** dann wieder aufwärts, vorbei an **historischen Grenzsteinen** zum Weiler **Sennhütten** gelangen. Wir können uns auf dem **Rastplatz** erholen oder uns in der Waldschänke stärken; eine Herberge bietet auch die Möglichkeit, hier zu übernachten.

Bei Sennhütten verlassen wir den Fricktaler Höhenweg wieder und wandern auf dem hie und da steilen Weg durch den **lauschigen Bränngartenwald** hinab. Zuletzt an den bunten Feldern vorbei kommen wir nach **Effingen** an der Westflanke des **Bözbergs.** Vom Dorf aus fahren bis spät am Tag Postautos nach Brugg oder zurück nach Frick.

Unser Ziel: dörfliche Stille in Effingen.

Standort Wanderwegweiser

Zum nächsten Zwischenziel

1. Schinberg
2. Sennhütten
3. Effingen

43

Im welligen Land der Habsburger
Brugg – Staffelegg 16,5 km, 4½ Std.

Man weiss nicht genau, woher das Adelsgeschlecht der **Habsburger** kam, vermutlich aus dem Elsass. Dass die Herren sich einen **wunderschönen Ort** ausgesucht haben, als sie sich unweit des heutigen Brugg niederliessen, werden wir auf unserer Wanderung zur Staffelegg sehen.

Vom **Bahnhof Brugg** gehen wir nordwärts durch die Altstadt am Sterbehaus des Pädagogen **Johann Heinrich Pestalozzi** vorbei zum **Schwarzen Turm.** Der von den Habsburgern errichtete Turm, das älteste Gebäude der Stadt, wurde im späten 12. Jahrhundert gebaut. Noch bis November 2006 diente er als Bezirksgefängnis.

Wir überqueren die Aare über die alte **Brücke,** die der Stadt einst den Namen gab. Die Häuser, die links und rechts der Aare eine von Menschenhand geschaffene Schlucht bilden, gehören zu den ältesten von Brugg.

Nach der Brücke wandern wir westwärts durch die Tiefgrub, einen Ausläufer der Gemeinde Riniken, und durch Hafen, das zur Gemeinde Unterbözberg gehört. Nachdem wir die letzten Häuser hinter uns gelassen haben, überqueren wir beim Weiler **Vier Linden** die Bözbergpassstrasse, die schon zu Zeiten der Habsburger ein wichtiger Handelsweg war. Von der Terrasse des Landgasthofs Vier Linden (Reservation erwünscht) haben wir eine schöne Aussicht auf das Tal und auf die **Habsburg,** den Stammsitz des alten Geschlechts auf dem gestreckten Hügelkamm des Wülpelsbergs auf der anderen Seite der Aare.

Unser Weg führt uns nun über Wiesen und Weiden durch die sanft hügelige Landschaft in den **dichten Wald** zwischen Villnachern und Linn.

Wenn wir aus dem Wald treten, erblicken wir einen mächtigen Baum: die **Linner Linde.** 25 Meter ist sie hoch, ihr Umfang beträgt ganze 11 Meter. Es ist kein Wunder, dass sich um solch einen prächtigen einzelnen Baum viele Legenden ranken. So heisst es, sie einst vom einzigen Linner Überlebenden der Pest im 16./17. Jahrhundert gepflanzt worden. Das ist zwar eine anrührende Geschichte, aber sie kann nicht wahr sein: Das Alter der Linde wird je nach Quelle auf **600 bis 800 Jahre** geschätzt.

Schwierigkeitsgrad
Einfache Wanderung auf angenehmen Wegen.

Richtzeit
Wanderzeit 4½ Std.

Anfahrt
Brugg ist einfach mit dem Zug zu erreichen.

Weitere Informationen
www.regionbrugg.ch
www.habsburg.net

Stadt des Wassers: Brugg besitzt auch viele alte Brunnen.

Über Wiesen mit einzelnen **Kirschbäumen** – wie schön, wenn sie blühen! – geht es für uns wieder in den Wald. Unbemerkt verlaufen tief unter unseren Füssen hier der Bözberg-**Eisenbahntunnel** und der Tunnel der Autobahn A3.
Bei Buechmatt verlassen wir den Wald und laufen zum **Chillholz.** Wieder liegt das Land lieblich gewellt vor uns: Die **Burgruine Schenkenberg,** ein ehemaliger Habsburgersitz, ist zu sehen, dahinter Thalheim. Von hier sind es nur noch zwanzig Minuten, mal durch den Wald, dann wieder über Wiesen und Felder, bis wir an der **Passhöhe** der **Staffelegg** sind, die das Aaretal mit dem Fricktal verbindet. Von hier fährt tagsüber alle halbe Stunde ein Postauto nach Aarau.

Eine andere Legende kündigt das **Ende der Welt** an, sollte die Linde nicht mehr einmal jährlich ihren Schatten auf das Schloss Habsburg werfen. «Leit d linde nüm ihres chöpfli ufs Ruedelis hus», so der Spruch dazu, «se eschs met allne wälte us» – mit «Ruedeli» ist Rudolf von Habsburg gemeint.
Allein ist man auf den Bänken unter dem **grössten Baum** des Kantons Aargau selten: Die Linde ist – auch der prachtvollen Aussicht auf das Umland wegen – ein beliebtes Ausflugsziel.

Standort Wanderwegweiser

Zum nächsten Zwischenziel
❶ Staffelegg/Linn
❷ Staffelegg

Auf mittelalterlichen Handelswegen zum einst bedeutenden Messeort

Klingnau–Bad Zurzach 6,5 km, 2 Std.

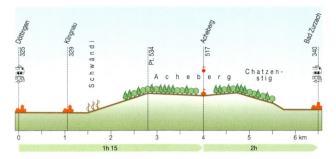

In **Bad Zurzach**, unserem Ziel, lebte und wirkte im 4. Jahrhundert die **heilige Verena**. Das Grab der mit heilenden Kräften versehenen Verena zog schon bald jeden September am Verenatag Christen aus der ganzen Schweiz, aber auch aus Deutschland nach Zurzach.

Im Gefolge der Pilger kamen **Händler** in die Stadt, die mit ihnen ein Geschäft machen wollten. Spätestens im 16. Jahrhundert war Zurzach einer der wichtigsten **Messeorte** Europas. Die Händler kamen nun aus Italien, Frankreich, Polen und Tschechien. Am meisten Umsatz wurde an der Zurzacher Messe mit **Pferden, Leder und Stoffen** gemacht; manchmal fanden auch Südfrüchte den Weg auf den Markt.

Nach Zurzach gelangten die Waren über den Rhein oder über die Aare bis **Klingnau**, wo sie umgeladen wurden, damit man sie mit Pferden über den **Acheberg** bringen konnte, einen Ausläufer des Tafeljuras. Auch der Landweg von Brugg überquerte in Klingnau – hier gab es eine Fähre – die Aare und führte über die Hochebene zur Messe. Die Zeiten der **Zurzacher Messe** sind lange vorbei, das einstmalige Marktstädtchen wird heute als **Thermalbadeort** geschätzt und heisst seit 2006 auch offiziell **Bad Zurzach**.

Unser Weg über den alten Handelspfad nach Bad Zurzach beginnt an der S-Bahn-Haltestelle **Döttingen**. Ein Stückchen der Hauptstrasse entlang gelangen wir in wenigen Minuten von dort nach **Klingnau**. Wir gehen quer durch die **mittelalterliche Altstadt**, über den Platz mit der Stadtkirche. Dann lassen wir das Dorf hinter uns und unterqueren die Bahnlinie und die Hauptstrasse.

Durch die **Reben** bei Schwändi führt der erst eher sanft ansteigende Weg über Wiesen zum Waldrand. Dort beginnt dann der zu Anfang recht steile Weg hinauf zur Ebene des **Achebergs**. Auf dem Hochplateau angekommen, wandern wir weiter auf dem alten Handelsweg durch den Wald. Nach einer Weile erreichen wir dann die **grosszügige Lichtung** mit der 1662 errichteten **Kapelle St. Loretto**. Wie viele gleichnamige Kapellen in ganz Europa ist sie der Casa Santa im italienischen Wallfahrtsort Loreto nachempfunden. Im Restaurant bei der Kapelle können wir einen kleinen Imbiss einnehmen, bevor wir uns an die zweite Hälfte des Weges machen.

Zuerst spazieren wir noch mal ein Stück fast eben durch den Wald, dann geht es hinab zum **Rheinblick** mit schöner Sicht auf die Bäder von Bad Zurzach

Schwierigkeitsgrad
Leichte Wanderung auf angenehmen Wegen.

Richtzeit
Wanderzeit 2 Std.

Anfahrt
Der Bahnhof Döttingen liegt an der S-Bahnstrecke Baden–Waldshut.

Weitere Informationen
www.klingnau.ch
www.badzurzach.ch
www.museumzz.ch
(Bezirksmuseum Höfli)

Die Pracht der Farben: Kirschbaum in den Rebbergen von Klingnau.

und den dahinterliegenden Schwarzwald. An klaren Tagen präsentiert sich hier auch der Kaiserstuhl, nordwestlich von Freiburg im Breisgau gelegen. Nicht weit vom Aussichtspunkt lassen sich die **Mauerreste** einer **mittelalterlichen Hochwacht** bestaunen – auch das Militär wusste schon immer ein schönes Panorama zu schätzen. Der Weg vom Aussichtspunkt über den **Chatzenstig** nach **Bad Zurzach** hinab ist sehr steil und führt zum Teil über Treppen. Für ältere Menschen und Familien mit Kinderwagen gibt es aber eine **Alternative**, die über den Radweg und ein Stück Strasse am **Tierpark** vorbei ins Tal führt. Vom Fuss des Achebergs sind es nur noch ein paar Minuten zum Bahnhof von **Bad Zurzach**. Wir können auch einen kleinen Umweg zum **Bezirksmuseum Höfli** machen, das viel über die Zurzacher Messen zu erzählen weiss.

Standort Wanderwegweiser

Zum nächsten Zwischenziel

① Bad Zurzach

Hoch vor den Toren Zürichs

Baden – Lägeren – Dielsdorf 13 km, 4 Std.

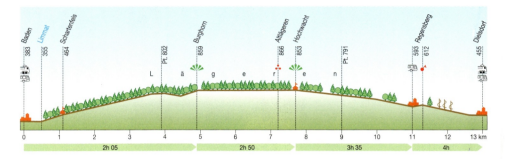

Wer – um Sicherheit besorgt – einen guten Überblick braucht, muss sich in die Höhe begeben. Das wussten die Burgherren des Mittelalters genauso wie heute die Verantwortlichen der Flugsicherungsgesellschaft Skyguide. Und nichts eignet sich so sehr für einen **Überblick** über den Raum westlich von Zürich wie der elf Kilometer lange Rücken des **Lägeren** (auch «die Lägern» genannt), der als östlichste Erhebung des **Faltenjuras** gilt.

Vom Bahnhof Baden gehen wir durch die **Altstadt** mit ihren bemerkenswerten Häusern aus dem 16. und 17. Jahrhundert zur Holzbrücke, die tatsächlich noch bis 1926 dem Durchgangsverkehr diente. Auf der anderen Seite der Limmat steht das **Landvogteischloss.** Sein moderner Anbau beherbergt das **Historische Museum** der Stadt Baden – ein Besuch lohnt sich.

Hinter der Unterführung geht es für uns auf dem steilen Treppenweg hoch zum Restaurant **Schloss Schartenfels.** Ab dort heisst es sehr vorsichtig sein, denn der **Lägeren-Gratweg** ist teilweise recht ausgesetzt und – speziell bei Nässe – nicht ungefährlich. Mit Kindern oder Hunden sollte man den Weg links um den Schartenfels herum wählen, der dann bald hinter dem Rastplatz Chaltbrünnli vor einer Krete wieder auf den Gratweg trifft. Wenn die beiden Wege zusammentreffen, ist es nicht mehr weit zum **Burghorn** (859 Meter), wo man gemütlich auf einer Bank sitzend die **fulminante Rundsicht** geniessen kann: Im Süden präsentieren sich hier die Alpen, im Norden der Schwarzwald und weit im Osten der fruchtbare Hegau. An bedeckten Tagen findet sich hier oben so manch ein Wanderfreund über einem fantastischen Nebelmeer, das die Stadt Zürich mit ihrer Hektik einfach unter sich verschwinden lässt.

Am Burghorn stossen wir auf eine Nachbildung des Kleinplaneten **Pluto.** Sie markiert das Ende des lehrreichen **Planetenwegs,** der von Regensberg hier heraufsteigt, und den auch wir nun benutzen.

Unsere Wanderung verläuft nun einen knappen Kilometer lang auf der **Kantonsgrenze** zwischen Aargau und Zürich. So erreichen wir die spärlichen Über-

---

Schwierigkeitsgrad
Anspruchsvolle Wanderung. Zum Teil sehr exponiert und rutschig. Bei schlechterem Wetter oben angegebene Alternativroute benutzen.

Richtzeit
Wanderzeit 4 Std.

Anfahrt
Baden ist gut mit dem Zug zu erreichen.

Weitere Informationen
www.museum.baden.ch
www.dielsdorf.ch

reste der **Burg Altlägeren.** Sie wurde um 1245 erbaut, aber wahrscheinlich schon 1267 bei der «Regensberger Fehde» zerstört. Die Herren von Lägeren verarmten und starben bald aus. Von der Ruine – nur noch ein paar Mauerstücke – sind es wenige Schritte zum 1895 eröffneten **Bergrestaurant Hochwacht.**

Hier befand sich im 17. Jahrhundert ein wichtiger Signalisationspunkt des militärischen Alarmsystems: Mit schwenkbaren Pfannen – gefüllt mit brennendem Stroh und Pech – wurden je nach Tageszeit Feuer- oder Rauchzeichen von Berg zu Berg geleitet. So liessen sich die Zürcher Truppen warnen und organisieren.

Die Hochwacht von heute befindet sich in der Kuppel auf dem Turm neben dem Restaurant: Es ist die ferngesteuerte **Radaranlage,** mit der die Flugsicherungsgesellschaft **Skyguide** den oberen Luftraum überwacht.

Für uns geht es nun durch den **romantischen Birkenwald** abwärts bis ins **mittelalterliche Regensberg,** das schön auf einem Felssporn liegt. Es lohnt sich, einen **kleinen Rundgang** durch das **Landstädtchen** zu machen oder den **Turm des Schlosses** zu besteigen, bevor wir einem Rebberg entlang zum Bahnhof des Bezirkshauptortes **Dielsdorf** hinablaufen.

Städtchen auf dem Felssporn: das sonnenverwöhnte Regensberg.

Standort Wanderwegweiser

Zum nächsten Zwischenziel

❶ Schartenfels/Lägeren/Dielsdorf
❷ Regensberg/Dielsdorf
❸ Dielsdorf

45-mal den richtigen Weg finden

Das Wanderwegnetz in der Schweiz

Wanderwege verlaufen vorwiegend abseits der Strassen und benutzen meist Naturpfade. Bezüglich Wandererfahrung werden keine besonderen Ansprüche gestellt.

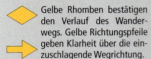 Die gelben Wegweiser informieren über Standorte, Wanderziele und Gehzeiten (Pausen nicht eingerechnet).

Gelbe Rhomben bestätigen den Verlauf des Wanderwegs. Gelbe Richtungspfeile geben Klarheit über die einzuschlagende Wegrichtung.

Bergwanderwege erschliessen teilweise unwegsames Gelände, sind überwiegend steil, schmal und stellenweise exponiert. Trittsicherheit und Schwindelfreiheit sind hier meist ein Muss. Zudem sind eine gute körperliche Verfassung sowie Bergerfahrung essenziell. Feste Schuhe, eine der Witterung entsprechende Ausrüstung sowie topografische Karten werden vorausgesetzt. Die gelben Wegweiser mit weiss-rot-weisser Spitze informieren über Standorte, Wanderziele und Gehzeiten (Pausen nicht eingerechnet).

Weiss-rot-weisse Farbstriche bestätigen den Verlauf des Bergwanderwegs. Weiss-rot-weisse Richtungspfeile geben Klarheit über den einzuschlagenden Weg.

Fehlen Wegweiser oder sind sie beschädigt, nutzen Sie nach Ihrer Rückkehr bitte das Feedbackformular unter www.wanderland.ch.

Zusatz-Signalisierung durch «Wanderland Schweiz»

Diese Routen erfüllen hohe Qualitätsanforderungen (Qualitätsziele der Schweizer Wanderwege) und heben sich qualitativ vom übrigen Wanderwegnetz ab.

Internationale Fernwanderrouten sind, soweit möglich, Bestandteil der nationalen Routen von «Wanderland Schweiz». Wo internationale Fernwanderrouten über nationale Routen geführt werden, wird das Routenfeld mit einem blauen Winkel ergänzt.

Nationale Routen durchqueren zu einem Grossteil die Schweiz. Ihre Ausgangspunkte und Ziele liegen meist im grenznahen Bereich. Sie werden mit einem Routenfeld und einer einstelligen Nummer signalisiert.

Regionale Routen führen durch mehrere Kantone und werden mit einem Routenfeld sowie einer zweistelligen Nummer signalisiert.

Lokale Routen sind örtlich besonders attraktive Wanderwege und werden mit einem Routenfeld sowie einem Namen oder einem Logo signalisiert.

Für die Signalisation der Wanderwege in der Schweiz sind die Schweizer Wanderwege zuständig (www.wandern.ch).
Die Ratschläge, Bilder und Routenvorschläge in diesem Buch sind von Autor und Verlag sorgfältig erwogen und geprüft worden, dennoch kann eine Garantie nicht übernommen werden. Die Reisen und Wanderungen nach diesen Routenvorschlägen erfolgen auf eigene Gefahr. Eine Haftung des Autors bzw. des Verlages und seiner Beauftragten für Personen-, Sach- und Vermögensschäden aller Art, die aus den im Buch gemachten Hinweisen resultieren, ist ausgeschlossen.

Impressum

1. Auflage 2009
© **2009 Fink Medien AG,** 8808 Pfäffikon/SZ; **Coop Presse,** 4002 Basel
Schriftliche Bestellungen an: Sekretariat Coop Presse, Postfach 2550, 4002 Basel
Buchbestellung Internet: www.coopzeitung.ch/buchverlag
Idee und Konzept: Toni Kaufmann, Fink Medien AG
Autor: Armin Büttner
Routenkontrollen: Hansruedi Steiner, Herbert Kaufmann
Kartografie: Hans Haueter, Adolf Benjes
Fotos: Hansruedi Steiner, Herbert Kaufmann, Marius Kaufmann, Christof Sonderegger (Umschlag)
Layout: Franziska Liechti, Anzeiger Region Bern
Redaktion: Sabine Vulic, Coop Presse
Gesamtherstellung: Fink Medien AG, www.fink-medien.ch
ISBN-Nr.: 978-3-905865-06-6

Wichtige Telefonnummern

144	Sanitätsnotruf
1414	Rega, Schweizerische Rettungsflugwacht
117	Polizei
117	Meldung von Blindgängern
162	Wetterprognosen